Ambidextres Innovationsmanagement in KMU

Claus Lang-Koetz • Annika Reischl
Stephan Fischer • Sabrina Weber
Anina Kusch

Ambidextres Innovationsmanagement in KMU

Praxisnahe Konzepte und Methoden

Kapitel 7 Zukunft des Innovationsmanagements:
Nachhaltigkeit unter Mitarbeit von Dr.-Ing. Philipp Preiss

 Springer Gabler

Claus Lang-Koetz
Hochschule Pforzheim
Pforzheim, Deutschland

Stephan Fischer
Hochschule Pforzheim
Pforzheim, Deutschland

Anina Kusch
Hochschule Pforzheim
Pforzheim, Deutschland

Annika Reischl
Hochschule Pforzheim
Pforzheim, Deutschland

Sabrina Weber
Hochschule Pforzheim
Pforzheim, Deutschland

ISBN 978-3-662-66457-5   ISBN 978-3-662-66458-2 (eBook)
https://doi.org/10.1007/978-3-662-66458-2

Die Deutsche Nationalbibliothek verzeichnet diese Publikation in der Deutschen Nationalbibliografie; detaillierte bibliografische Daten sind im Internet über http://dnb.d-nb.de abrufbar.

Springer Gabler
© Der/die Herausgeber bzw. der/die Autor(en) 2023
Dieses Buch ist eine Open-Access-Publikation.

Planung/Lektorat: Mareike Teichmann
Springer Gabler ist ein Imprint der eingetragenen Gesellschaft Springer-Verlag GmbH, DE und ist ein Teil von Springer Nature.
Die Anschrift der Gesellschaft ist: Heidelberger Platz 3, 14197 Berlin, Germany

Vorwort

Wer heute an Innovationen arbeitet, entwickelt Produkte und Lösungen dafür, dass das Unternehmen auch in Zukunft erfolgreich ist. Damit verbunden sind viele Chancen, aber auch Risiken und ein hohes Maß an Unsicherheit. Man muss etwas wagen, neue Wege beschreiten und auch Dinge probieren, die vorher noch niemand gemacht hat, Menschen im Hier und Jetzt überzeugen und zugleich die Zukunft im Blick behalten.

Große Unternehmen haben eigene Innovationsabteilungen, um die Lösungen der Zukunft zu entwickeln. Sie können speziell geschultes Personal einsetzen, detaillierte Prozessabläufe definieren und Verantwortlichkeiten festsetzen sowie Innovationsmanager*innen in Vollzeit beschäftigen.

Kleine und mittlere Unternehmen müssen oft andere Wege gehen: Hier finden Innovationsaktivitäten meist parallel zum Tagesgeschäft statt. Im Zweifelsfall müssen alle mithelfen. Dafür haben solche Unternehmen oftmals andere Vorteile: sie sind viel agiler und können schneller reagieren als große Unternehmen.

Um diese Unternehmen geht es in diesem Buch: In einem dreijährigen Forschungsprojekt haben wir praxisnah erarbeitet, welche Methoden geeignet sind, damit kleine und mittlere Unternehmen ein selbstorganisiertes Innovationsmanagement aufbauen und betreiben können. Im Fokus stand dabei der Umgang mit Ambidextrie, also gleichzeitig vorhandene Ressourcen bestmöglich zu nutzen und neue Innovationsideen zu finden.

Wir bringen viele Jahre Erfahrung in der angewandten Forschung in Zusammenarbeit mit Unternehmen ein. Im Forschungsprojekt InnoDiZ (Selbstorganisiertes Innovationsmanagement im Digitalen Zeitalter)* arbeiteten wir von 2019 bis 2021 mit einer Unternehmensberatung sowie mehreren kleinen und mittleren Unternehmen als Anwendungspartnern zusammen. Im Laufe des Projekts haben wir bestehende Methoden angepasst und neu zusammengestellt, neue Ansätze geprüft und für die Zielgruppe tauglich gemacht, aber auch ganz neue Konzepte entwickelt. Die Partner haben unsere Konzepte erprobt und direkt aus der Praxis Feedback gegeben. Herausgekommen ist dieses Buch: Es soll kleinen und mittleren Unternehmen helfen, die wichtigsten Konzepte und Methoden des Innovationsmanagements zu verstehen und in der Praxis anzuwenden.

Wir danken unseren Projektpartnern für die gute Zusammenarbeit, die hilfreichen Fachdiskussionen und das engagierte Feedback, dem Projektträger für die Begleitung während des Projekts und dem Bundesministerium für Bildung und Forschung für die Finanzierung des Forschungsprojekts. Großer Dank geht auch an Celine Böhringer und Aline Hendrich für ihre Unterstützung bei der Finalisierung des Manuskripts und den Verlag für die gute Zusammenarbeit.

Viel Spaß bei der Lektüre!

Die Autorinnen und Autoren

* Das Forschungsprojekt InnoDiZ (Selbstorganisiertes Innovationsmanagement im Digitalen Zeitalter) wurde im Rahmen des Programms „Zukunft der Arbeit: Mittelstand – innovativ und sozial" vom Bundesministerium für Bildung und Forschung und aus Mitteln des Europäischen Sozialfonds gefördert und vom Projektträger Karlsruhe (PTKA) betreut (Förderkennzeichen 02L17C504, Laufzeit: 2019 bis 2021).

Pforzheim, Deutschland

Claus Lang-Koetz
Annika Reischl
Stephan Fischer
Sabrina Weber
Anina Kusch

Inhaltsverzeichnis

Abbildungsverzeichnis

Tabellenverzeichnis

Über die Autorinnen und Autoren

Dieses Buch entstand im Rahmen des Forschungsprojekts „InnoDiZ – Selbstorganisiertes Innovationsmanagement im Digitalen Zeitalter". Im Folgenden werden die Autorinnen und Autoren des Buchs kurz vorgestellt.

Dr.-Ing. Claus Lang-Koetz arbeitete nach seinem Studium (Dipl.-Ing. Umweltschutztechnik) in der angewandten Forschung an der Universität Stuttgart (Promotion zum Dr.-Ing.) und am Fraunhofer-Institut für Arbeitswirtschaft und Organisation IAO in Stuttgart. Danach leitete er das Innovationsmanagement bei einem international agierenden Anlagenbauunternehmen. Seit 2014 ist er Professor für Nachhaltiges Technologie- und Innovationsmanagement an der Hochschule Pforzheim und seit 2021 stellvertretender Leiter des Instituts für Industrial Ecology (INEC). In angewandten Forschungsprojekten beschäftigt er sich damit, wie technisch basierte Innovationen erfolgreich umgesetzt und dabei Nachhaltigkeitsaspekte berücksichtigt werden können. Zusammen mit Stephan Fischer leitete er das Forschungsprojekt InnoDiZ.

Annika Reischl war nach ihrem Studium des Ressourceneffizienzmanagements und Innovationsmanagements als akademische Mitarbeiterin am Institut für Industrial Ecology der Hochschule Pforzheim tätig. Hier befasste sie sich mit den Themen Innovationsmanagement in KMU und Nachhaltigkeit im Innovationsmanagement. Sie war an der Entwicklung eines Tools zur Bewertung von innovativen Ideen hinsichtlich deren Umweltaspekte beteiligt. Im Forschungsprojekt InnoDiZ befasste sie sich hauptsächlich mit der Entwicklung und Durchführung einer Blended-Learning-Weiterbildung für KMU. Sie ist nun als Innovationsmanagerin in einem Unternehmen tätig.

Dr. Stephan Fischer ist Professor für Personalmanagement und Organisationsberatung an der Hochschule Pforzheim. Dort lehrt er im Bachelor BWL/Personalmanagement und im Master „Human Resources Management" und forscht als Direktor des Instituts für Personalforschung. Praktische Erfahrungen sammelte er in leitender Funktion in den Bereichen Personal und Beratung. Als wissenschaftlicher Beirat unterstützt er mehrere Unternehmen. Daneben ist er Mitglied in der Jury des HR Innovation Awards der Messe Zukunft Personal.

Seine Forschungsschwerpunkte liegen in den Themenbereichen der agilen Transformation sowie in der Frage der Nachhaltigkeit im HRM. Zudem wurde er 2017 und 2019 vom Haufe Verlag zu den 40 führenden Köpfen (Kategorie Wissenschaftler) im HR gewählt. Zusammen mit Claus Lang-Koetz leitete er das Forschungsprojekt InnoDiZ.

Dr. Sabrina Weber ist akademische Mitarbeiterin und Projektleiterin am Institut für Personalforschung (IfP) an der Hochschule Pforzheim und lehrt im Master „Human Resources Management" und im Bachelor BWL/Personalmanagement. In angewandten Forschungsprojekten gilt ihr Interesse insbesondere dem Wandel der Arbeitswelt, Agilität in Organisationen, Nachhaltigkeit im Personalmanagement sowie Mitbestimmung. Zuvor war sie akademische Mitarbeiterin an der Hochschule Furtwangen im Forschungsschwerpunkt Innovationsforschung und Genderforschung, wo sie sich mit Karriereverläufen in Forschung und Entwicklung in der Privatwirtschaft beschäftigte. Im Forschungsprojekt InnoDiZ war sie insbesondere an der Konzeption und didaktischen Umsetzung und Weiterentwicklung einer Blended-Learning-Weiterbildung für KMU beteiligt.

Anina Kusch arbeitet nach dem Studium im Bereich Ressourceneffizienzmanagement sowie Life Cycle and Sustainability als akademische Mitarbeiterin am Institut für Industrial Ecology der Hochschule Pforzheim. Innerhalb des Studiums setzte sie sich mit dem nachhaltigen Wirtschaften, der Prozessoptimierung mittels Lean Management sowie ökobilanziellen Bewertungen intensiv auseinander. Ihre Schwerpunkte liegen nun im Bereich des nachhaltigen Technologie- und Innovationsmanagements, der Beschleunigung von Umweltinnovationen durch die gezielte Vernetzung von grünen Start-ups mit dem Mittelstand sowie kreislaufwirtschaftlichen Fragestellungen.

Dr.-Ing. Philipp Preiss Kap. 7 des Buchs wurde von den obenstehenden Autorinnen und Autoren zusammen mit Philipp Preiss geschrieben: entwickelte nach seinem Studium der Umweltschutztechnik Methoden zur Bewertung verschiedener Umweltaspekte, die im Rahmen mehrere Forschungsprojekte für die Europäische Kommission oder das Umweltbundesamt etc. angewendet wurden. Seit 2017 ist er an der Hochschule Pforzheim Akademischer Mitarbeiter am Institut für Industrial Ecology im Bereich Nachhaltiges Technologie- und Innovationsmanagement. Im Rahmen des Projekts „Design Factory Pforzheim" ist er seit Oktober 2020 für die Themen „Green Startups" und Kommunikation zuständig und entwickelt u. a. eine Nachhaltigkeitsberatung für Gründungsideen. Durch den Fokus sollen Studierende für das Thema Innovation und Gründung sensibilisiert werden und für die vielfältigen Möglichkeiten sowohl als Entrepreneur als auch als Intrapreneure begeistert werden.

Einführung

1

Lernziele für dieses Kapitel: Die Leserinnen und Leser …

- verstehen die Bedeutung von Innovationen für Unternehmen und Gesellschaft,
- können verschiedene Arten von Innovationen unterscheiden und für diese Arten allgemeine Beispiele und Beispiele aus ihrem Umfeld benennen,
- kennen die grundlegenden Begriffe des Innovationsmanagements und ihre Bedeutung,
- verstehen, warum Innovation organisiert werden muss,
- verstehen, wie sie dieses Buch nutzen können.

1.1 Grundlagen des Innovationsmanagements für KMU

Innovationen haben immer wieder *Chancen für die Gesellschaft* ermöglicht. Die Vollendung der Dampfmaschine im 18. Jahrhundert führte dazu, dass statt der Arbeitskraft von Menschen und Tieren Maschinen genutzt werden konnten (vgl. Harford 2017). Dadurch ergaben sich vollkommen neue Möglichkeiten durch technische Systeme, und das industrielle Zeitalter begann. Die Erfindung des Penicillins durch Sir Alexander Fleming 1928 führte dazu, dass durch Bakterien verursachte Krankheiten effektiv bekämpft werden konnten (vgl. Harford 2017). Der Aufbau des Internets ermöglichte einen Informationsaustausch in ungeahnter Schnelligkeit und ebenso ungeahntem Umfang (vgl. Challoner 2015). Damit wurde die Grundlage für eine umfassende Digitalisierung und auch neue Produkte und Geschäftsmodelle geschaffen. Viele technische Einrichtungen sind essenziell für unsere Art zu leben, so z. B. das von Hypatia von Alexandria erfundene Verfahren zur Destillation, der von Elisha Otis entwickelte Personenaufzug mit Notbremse, der von Mary

Anderson erfundene Scheibenwischer oder der von Zénobe T. Gramme entwickelte Hochspannungs-Gleichstromgenerator (vgl. Challoner 2015).

Natürlich gibt es viele *Beispiele für Innovationen*. Sie müssen nicht immer „die Welt verändern", aber durch ihre Neuheit bieten sie neuartige Funktionen und Möglichkeiten für Nutzerinnen und Nutzer. Auf dem Weg zu einer Innovation steht zunächst eine neue Idee, die zunächst auch (meist technisch) umgesetzt werden muss. Wird sie erstmals wirtschaftlich umgesetzt und hat sie sich im Markt bzw. in der Anwendung bewährt, so gilt sie als Innovation (vgl. Vahs und Brem 2015). Eine Umsetzung kann auch im sozialen Bereich erfolgen (vgl. OECD und Eurostat 2018). Konkret bedeutet Innovation also, dass neue Technologien, Produkte, Dienstleistungen, Geschäftsmodelle oder andere Lösungen für Nutzerinnen und Nutzer auf Märkten, in Organisationen oder in der Gesellschaft geschaffen werden (vgl. Bauer et al. 2018).

Oft werden Innovationen durch *technologische Entwicklungen* angestoßen und vorangetrieben. Technologien bzw. generell Wissen aus Forschung und Entwicklung können ein wesentlicher Treiber für Innovationen sein. Beispiele für Innovationen, die so entstanden sind, sind Mikrowelle, Mobiltelefone, digitale Bildbearbeitung oder Nanopartikel (vgl. Tidd und Bessant 2021, S. 216). Technologische Entwicklungen im Bereich der Photovoltaik und der Windkraft haben die Transformation auf erneuerbare Energien vorangetrieben (vgl. Umweltbundesamt (UBA) 2022). Momentan wird intensiv untersucht, welche Wirkungen der Einsatz künstlicher Intelligenz auf Gesellschaft und Industrie haben kann (vgl. Boll et al. 2022).

Wo könnte die Entwicklung in den nächsten Jahren hingehen? Sogenannte Foresight-Studien zeigen auf, welche Themen in der *Zukunft* grundlegende Veränderungen mit sich bringen können. Dort werden z. B. künstliche Intelligenz, die Umsetzung einer zirkulären Wirtschaft (Circular Economy), die Erhaltung von Biodiversität oder auch spezifische neue technologische Entwicklungen aus dem Bereich der Wasseraufbereitung, im Gesundheitsbereich, der Mikroelektronik oder der Quantenkommunikation genannt. Auch kontrovers diskutierte Themen wie Geoengineering oder die Reprogrammierung menschlicher Zellen könnten in Zukunft sowohl Chancen als auch Risiken für Unternehmen und Gesellschaft bieten (vgl. Fraunhofer-Gesellschaft zur Förderung der angewandten Forschung e.V. 2019). In einer Foresight-Studie des Bundesministeriums für Bildung und Forschung werden 112 Zukunftsthemen dargestellt, darunter auch viele, die Herausforderungen des Klimawandels und der nachhaltigen Entwicklung adressieren (vgl. Bundesministerium für Bildung und Forschung (BMBF) 2022).

Wie aber entstehen eigentlich Innovationen? Natürlich gibt es die klassischen Erfinder*innen, die durch ihre individuelle Kreativität und ihr visionäres Denken Innovationen gefördert haben. Stellvertretend für diese Gruppe von Menschen sei hier Artur Fischer genannt, der mit weltweit über 1200 Patentanmeldungen zu den produktivsten Erfindern der Welt zählt und der 1958 den S-Dübel sowie 1965 fischertechnik auf den Markt brachte (vgl. Fischer und Ries 2014). Was aber, wenn sich in Ihrem Unternehmen kein Artur Fischer befindet? Dieses Buch fokussiert auf *kleine und mittlere Unternehmen (KMU)* und wie KMU bzw. ihre Mitarbeitenden Innovationen in ihrer Organisation voranbringen und umsetzen können.[1]

Innovationen bieten Chancen für KMU

KMU müssen sich momentan mit starken *Veränderungen ihres Umfelds* auseinandersetzen. So werden Prozesse, Produkte und Geschäftsmodelle immer mehr digitalisiert (vgl. Brink et al. 2020). Dies kann bestehende Marktstrukturen verändern und sogar die Existenz von Unternehmen gefährden (vgl. Cole 2015). Digitalisierung stellt eine Chance für Innovation dar (vgl. Brink et al. 2020). Jedoch stehen KMU nur begrenzte Ressourcen zur Verfügung und oft fehlen benötigte Fähigkeiten, um Digitalisierungsthemen zu adressieren (vgl. Muller et al. 2021). In einer Studie des Instituts für Mittelstandsforschung (IfM) Bonn wird die Sicherung der Innovations- und Wettbewerbsfähigkeit als größte Herausforderung für mittelständische Unternehmen dargestellt (vgl. Brink et al. 2020). In einer anderen Studie wurde ermittelt, dass 42,6 Prozent der KMU Produkt- oder Prozessinnovationen entwickeln bzw. einführen (vgl. Expertenkommission Forschung und Innovation (EFI) 2017). Dies zeigt, dass die Entwicklung und Einführung von Innovationen von immenser Wichtigkeit für KMU sind.

Klimawandel, zunehmende Umweltverschmutzung und weitere Aspekte der *Nachhaltigkeit* finden mittlerweile auch in Unternehmen große Beachtung (vgl. Kunzlmann et al. 2021; Sassen et al. 2021). Insofern ist auch zu betrachten, inwiefern Nachhaltigkeitsaspekte im Innovationsmanagement berücksichtigt bzw. integriert werden können (vgl. Lang-Koetz und Schimpf 2019). Dazu findet sich in diesem Buch eine ausführliche Betrachtung eines integrativen Ansatzes (siehe Kap. 7).

Innovationsaktivitäten ermöglichen *Wettbewerbsvorteile*, stellte schon der Managementforscher Michael Porter fest (vgl. Porter 2013). Der Ökonom Peter Drucker sieht Innovation als „spezifisches Werkzeug von Unternehmern", womit man „Veränderungen als Chance für ein anderes Geschäft oder eine andere Dienstleistung nutzen" kann (Drucker 2015, S. 23). Innovationen eröffnen vielfältige Chancen: sie können einen wesentlichen Beitrag zur Verbesserung der Wettbewerbssituation leisten, und erfolgreiche Produktinnovationen ermöglichen in Käufermärkten hohe Marktanteile (vgl. Vahs und Brem 2015).

Auch der *Staat* treibt Innovationen voran, z. B. über umfangreiche Förderprogramme wie die Hightech-Strategie der Bundesregierung. Dort werden gesellschaftliche Herausforderungen adressiert, insbesondere Gesundheit und Pflege, Nachhaltigkeit, Energie und

---

[1] KMU sind nach der Definition der Europäischen Kommission Unternehmen, die weniger als 250 Beschäftigte und entweder einen Jahresumsatz von max. 50 Mio. Euro oder eine Jahresbilanzsumme von höchstens 43 Mio. Euro haben (vgl. Kommission der Europäischen Gemeinschaften 2003, Artikel 2, S. 39). Das Institut für Mittelstandsforschung geht in seiner KMU-Definition bis 500 Beschäftigte (vgl. Institut für Mittelstandsforschung Bonn (ifm) o. J.). Auch in diesem Buch werden Unternehmen bis ca. 500 Mitarbeitende als KMU verstanden.

Klima, Mobilität sowie Wirtschaft und Arbeit 4.0 (vgl. Bundesministerium für Bildung und Forschung (BMBF) 2018).

Innovationen bieten also Chancen für KMU. Es macht daher Sinn, sich genauer damit zu beschäftigen, wie das Thema in der Praxis systematisch angegangen werden kann. Es braucht auch nicht immer einen großen Erfinder wie Artur Fischer. Vielmehr geht es in diesem Buch darum, wie mit den bestehenden Möglichkeiten von KMU Innovationen gefördert werden können, indem bestimmte Methoden im Innovationsprozess systematisch eingesetzt werden.

1.2   Perspektiven auf das Innovationsmanagement

Wie kann nun Innovationsmanagement in KMU umgesetzt werden? Dazu werden im Folgenden zentrale Begriffe und Konzepte beschrieben. Zunächst wird der Begriff Innovation weiter konkretisiert.

Generell kann eine Vielzahl verschiedener Innovationsarten unterschieden werden:

- Produktinnovationen und Dienstleistungsinnovationen sind „neu entwickelte materielle und immaterielle Leistungen" (Thom 1980, S. 32 ff. zitiert in Vahs und Brem 2015, S. 54) zur Befriedigung der Bedürfnisse von Kund*innen, zum Beispiel ein Fahrzeug ohne Außenspiegel, ein Flugtaxi, aber auch eine Waschmaschine mit reduziertem Energie- und Wasserverbrauch.
- Prozessinnovationen sind „neuartige Faktorkombinationen, durch die die Produktion eines bestimmten Gutes kostengünstiger, qualitativ hochwertiger, sicherer und schneller erfolgen kann" (Hauschildt et al. 2016, S. 6), z. B. eine Optimierung der Abläufe in der Produktion, um die Durchlaufzeit zu erhöhen.
- Ein Geschäftsmodell stellt dar, „wer die Kunden sind, was verkauft wird, wie man es herstellt und wie man einen Ertrag realisiert" (Gassmann et al. 2021, S. 10). Wenn mindestens zwei dieser Elemente verändert werden, dann spricht man von einer Geschäftsmodellinnovation. Ein Beispiel ist „Power by the hour" von Rolls Royce: es werden Betriebsstunden einer Turbine bezahlt und nicht das physische Objekt selbst (vgl. Gassmann et al. 2021, S. 10).
- Marketinginnovationen beruhen auf der „Einführung neuer oder merklich verbesserter Designs oder Verkaufsmethoden" (Aschhoff et al. 2013, S. 86), z. B. ein durch Kund*innen individualisierbares Produktdesign.
- Bei einer Organisationsinnovation werden „neue oder merklich veränderte Unternehmensstrukturen oder Managementmethoden" (Aschhoff et al. 2013, S. 86) eingeführt, um Wissensnutzung oder Effizienz zu erhöhen, z. B. durch die Einführung von Lean-Management-Konzepten und -Methoden.
- Sozialinnovationen beziehen sich auf neuartige Veränderungen im Human- und Sozialbereich (vgl. Thom 1980, S. 37), bei denen nicht primär ökonomische Interessen im Vordergrund stehen müssen, so z. B. Repair-Café, Foodsharing, Urban Gardening.

- Wird neben ökonomischem auch ökologischer und sozialer Mehrwert geschaffen, so spricht man von einer nachhaltigkeitsorientierten Innovation (vgl. Paech 2007; Hansen et al. 2009; Klewitz und Hansen 2014). Zur Integration von Nachhaltigkeitsaspekten in das Innovationsmanagement werden in Kap. 7 methodische Ansätze aufgezeigt.

In diesem Buch werden vor allem Produkt-, Dienstleistungs- und Geschäftsmodellinnovationen sowie nachhaltigkeitsorientierte Innovationen adressiert.

Eine weitere Unterscheidungsmöglichkeit für Innovationen besteht darin, den *Veränderungsumfang* zu betrachten. Damit wird adressiert, in welchem Umfang sich das neue Produkt bzw. die neue Lösung gegenüber vorhandenen Angeboten verändert hat:

- Gibt es nur kleine Veränderungen, dann spricht man von einer Inkremental-Innovation (vgl. Vahs und Brem 2015, S. 66). Beispiel hierfür ist die Erweiterung von Speicherkapazitäten für das Produkt „Smartphone" oder die Verbesserung vorhandener Grundfunktionalitäten eines Produkts.
- Hat die Innovation einen hohen Neuheitsgrad in Bezug auf die verwendete Technologie und oder auch durch Bezug auf einen neuen Markt, dann spricht man von einer radikalen Innovation (vgl. Vahs und Brem 2015, S. 66). Beispiele sind hier die Compact Disc (CD), vollständig neue Funktionalitäten im Auto wie ein kamerabasierter Außenspiegel oder ein Head-up-Display. Von einer disruptiven Innovation spricht man hingegen, wenn eine Lösung im Markt substituiert wird sowie „Investitionen beherrschender Marktteilnehmer obsolet macht und darauf basierend die Machtverhältnisse im Markt grundlegend verändert" werden (Schimpf 2019, S. 6). Beispiele sind die Einführung von Musik-Streaming, welches CDs (wie auch Schallplatten und Kassetten) als physische Tonträger weitgehend abgelöst hat, oder die Digitalfotografie.

Die einhergehenden Veränderungen können dabei das Unternehmen, aber auch Markt, Technologie und Umwelt betreffen. Größere Veränderungen können potenziell zu großen Chancen führen, gehen meist auch mit höherem Risiko einher (vgl. Tidd und Bessant 2021, S. 253).

Der Nutzen steht im Vordergrund
Bei der Entwicklung von Innovationen sollte immer der mögliche Nutzen der angestrebten Lösung im Vordergrund stehen. Weist die geplante Innovation die nötige Leistung auf und erleichtert sie die Arbeit für den Nutzer oder die Nutzerin? Stellt sie für Nutzer*innen interessante Funktionen zur Verfügung? Führt sie zur Einsparung von Arbeitszeit oder Kosten? Gefällt sie durch ein attraktives Design? Verringert sie CO_2-Emissionen und hat sie positive soziale Auswirkungen? Das sind Beispiele für Fragen, die adressiert werden sollten.

Je nach Anwendungsfeld kann der Nutzen sehr unterschiedlich ausgeprägt sein. Betrachten wir eine handelsübliche Waschmaschine als typisches technisches Produkt:

- Endkund*innen im sogenannten Business-to-Consumer-Geschäft (B2C) sind daran interessiert, dass eine gute Waschleistung erzielt wird, und zwar mit geringem Energie- und Wasserverbrauch. Die Maschine sollte geringe Anschaffungs- und Betriebskosten, eine lange Lebensdauer und ein ansprechendes Design haben.
- Geschäftskund*innen haben leicht andere Anforderungen: Wird dieselbe Maschine in einer Wäscherei, also im Business-to-Business-Bereich (B2B) eingesetzt, so sollten möglichst viele Waschvorgänge pro Tag erledigt werden können und die Betriebskosten gering sein, während das Design weniger relevant ist.

In allen genannten Aspekten könnte nun Innovation stattfinden sowie neue Funktionen entwickelt und technisch umgesetzt werden, wie z. B. eine Waschmaschine mit sehr niedrigem Wasser- und Stromverbrauch. Auch ist denkbar, dass ein neues Geschäftsmodell entwickelt wird, mit dem der Nutzen der Waschmaschine ohne physisches Produkt übermittelt wird: So könnte eine einfach buchbare Dienstleistung angeboten werden, um schmutzige Wäsche abzuholen, zu waschen und wieder abzuliefern. Somit könnte ein Vorteil gegenüber den Wettbewerbsangeboten erzielt werden.

1.3 Organisation von Innovationsaktivitäten im Unternehmen

Für Unternehmen besteht im Hinblick auf den Neuheitsgrad eine Herausforderung, die über den Ansatz der *Ambidextrie* gelöst werden kann. Denn im Umgang mit Innovationsmanagement gilt für Unternehmen (vgl. O'Reilly und Tushman 2004):

- Einerseits müssen sie die vorhandenen Ressourcen bestmöglich nutzen, also effizient einsetzen (Exploitation). Im Innovationsmanagement bedeutet dies, kontinuierlich kleine Verbesserungen des bestehenden Produkt- und Lösungsportfolios zu entwickeln und umzusetzen.
- Andererseits müssen sie völlig neue Innovationsideen entwickeln, diese umsetzen und an den Markt bringen (Exploration). Das bedeutet, dass oft visionäre Experimente notwendig sind, um daraus im besten Fall eine radikale Innovation entwickeln und umsetzen zu können.

Erfolgreiche Unternehmen schaffen es, beide Vorgehensweisen zu nutzen. Dieses als Ambidextrie bezeichnete Konzept kann ein duales Modell mit zwei verschiedenen Arten von Strategien zur Förderung von Innovationen in Unternehmen ermöglichen (vgl. Duncan 1976). Wie können nun KMU Ambidextrie in der Praxis umsetzen? Das ist eine zentrale Frage, die in diesem Buch, insbesondere in Kap. 6, adressiert wird.

Die Suche nach neuen Ideen und die Umsetzung von Ideen in Innovationen ist oft von großen *Unsicherheiten* geprägt (vgl. Tidd und Bessant 2021, S. 334 ff.). Es werden technisch neuartige Themen bearbeitet oder Märkte und Kundenbedürfnisse adressiert, die noch nicht richtig bekannt sind. Dies bedeutet, dass auf dem Weg zur Umsetzung einiges schiefgehen kann, manche Dinge mehrfach gemacht werden und viel gelernt werden muss, bevor ein erfolgreiches Produkt oder eine erfolgreiche Lösung entstehen. Es gibt also vielfältige Risiken.

Auf der anderen Seite soll gründlich gearbeitet werden, denn die Nutzer*innen erwarten ein gutes Produkt mit attraktiven Funktionen und hoher Qualität. Die geplanten Ziele in Bezug auf Zeit und Kosten sollten eingehalten werden. Gleichzeitig ist eine hohe Geschwindigkeit bei der Umsetzung erforderlich, denn der Wettbewerb ist sicherlich auch aktiv und mitunter gerade dabei, eine eigene Innovation voranzutreiben.

Diese Punkte zeigen: Innovation sollte vernünftig organisiert werden, idealerweise über geeignete Prozesse und Methoden. Hier kann ein *Innovationsmanagement* unterstützen: Darunter versteht man „alle Planungs-, Entscheidungs-, Organisations- und Kontrollaufgaben im Hinblick auf die Generierung und die Umsetzung von neuen Ideen in marktfähige Leistungen" (Vahs und Brem 2015, S. 28). Die für die Entwicklung und Umsetzung von Innovationen nötigen Prozesse und Organisationsformen, innerhalb derer diese Aufgaben ablaufen, werden also bewusst gestaltet (vgl. Hauschildt et al. 2016).

Innovation und Agilität
Auf der methodischen Ebene des Innovationsmanagements lassen sich zwei grundsätzlich verschiedene Herangehensweisen unterscheiden. Zum einen gibt es die klassischen Methoden des Projektmanagements. Dort wird ausgehend von einem Pflichten- und/oder Lastenheft mit einer Projektgruppe und einer Projektleitung mit Gesamtverantwortung und Entscheidungsmacht über definierte Meilensteine schrittweise das Projektergebnis erarbeitet. Zum anderen gibt es agile Methoden, die auf eine anfänglich detaillierte Definition des Projektergebnisses verzichten. Es wird iterativ in Sprints unter Einbezug einer konsequenten Kundenperspektive durch verschiedene Projektrollen und mittels eines hohen Grades an Partizipation gearbeitet. Daneben lassen sich immer häufiger sog. hybride Projekte, also Mischformen zwischen diesen beiden Herangehensweisen, finden. Wann sich welches Vorgehen anbietet, hängt von diversen Faktoren ab, die den möglichen Erfolg einer dieser Vorgehensweisen beeinflussen. Diese Faktoren liegen zum einen in den Charakteristika des Projekts selbst und zum anderen in den Kontextfaktoren, die sich durch die Besonderheiten des jeweiligen Unternehmens, der Mitarbeitenden und der Führungskräfte bestimmen (zu weiteren Informationen und Quellen siehe Kap. 6).

Ein Innovationsprozess für KMU
Die zur Entwicklung und Umsetzung von Innovationen nötigen Aktivitäten können in einer Prozessabfolge dargestellt werden. Ein besonders für KMU geeigneter Prozess wurde im Projekt InnoDiZ entwickelt.[2] Er baut auf den Modellen von Pleschak und Sabisch (1996), Thom (1980) sowie Vahs und Brem (2015) auf und ist in vier Phasen unterteilt (siehe Abb. 1.1):

---

[2] Die im Projekt InnoDiZ beteiligten Unternehmen waren KMU im Sinne der EU-Definition (bis ca. 250 Mitarbeitende). Dank vieler Jahre Erfahrung in der angewandten Forschung in Zusammenarbeit mit Unternehmen vertreten wir die These, dass die in diesem Buch vorgestellten Herausforderungen und Lösungsansätze auch für Unternehmen bis ca. 500 Mitarbeitende zutreffen bzw. hilfreich sind.

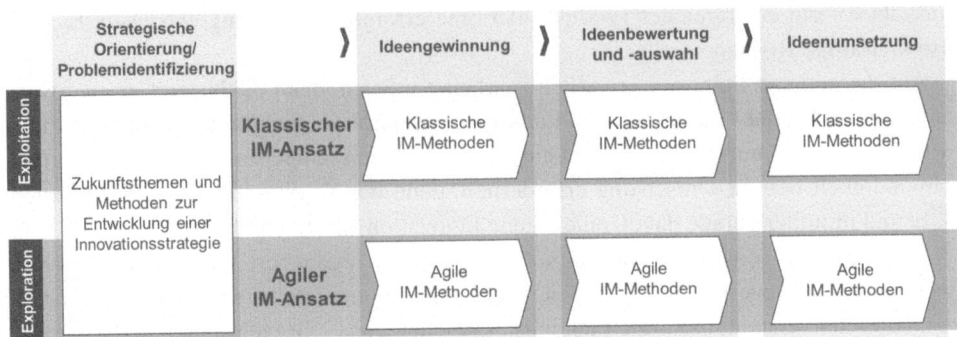

Abb. 1.1 Gesamtbild „Ambidextres Innovationsmanagement in KMU" (entwickelt im Forschungs-projekt InnoDiZ; Phasenmodell aufbauend auf Pleschak und Sabisch 1996; Thom 1980; Vahs und Brem 2015)

- Strategische Orientierung/Problemidentifizierung: Zukunftsthemen wie Markt- und Technologietrends werden analysiert und bewertet, um daraus strategische Zielsetzungen für Innovation herzuleiten. Ungelöste Probleme und andere mögliche Auslöser für Innovation werden identifiziert, die eine Suche nach Ideen nötig machen.
- Ideenphase: Hier werden Ideen über Informationsquellen innerhalb und außerhalb des Unternehmens gesammelt und mit Hilfe von Kreativität bzw. entsprechenden Methoden zur Anregung der Kreativität als Grundlage für mögliche Innnovationen gewonnen.
- Bewertungs- und Auswahlphase: Mit Hilfe geeigneter Methoden und Bewertungskriterien (wie Marktattraktivität, Umsetzbarkeit und Nachhaltigkeitswirkungen) werden die vielversprechendsten Ideen bewertet und schließlich ausgewählt, um sie dann weiter zu bearbeiten.
- Umsetzungsphase (inkl. Markteinführung): Die ausgewählten Ideen werden nun umgesetzt. Hier spielen Produktentwicklung, Aufbau von Produktion, Logistik und Vertriebswegen sowie eine geeignete Innovationskommunikation eine wichtige Rolle – und natürlich abschließend die Markteinführung.

Dieser Innovationsprozess stellt die Grundlage für das hier im Buch vorgestellte Konzept eines ambidextren Innovationsmanagements in KMU dar. Er wird detailliert in Kap. 2, 3, 4 und 5 erläutert und mit geeigneten Methoden konkretisiert.

Die Maxime des „selbstorganisierten Innovationsmanagements"
Der Ansatz, den dieses Buch vorstellt, stellt die Fähigkeit zum selbstorganisierten Entscheiden in den Vordergrund: Selbstorganisiertes Innovationsmanagement bedeutet, dass Individuen selbstständig entscheiden, welche Methoden in welchen Phasen des Innovationsprozesses angewandt werden sollen (vgl. Bosch et al. 2022). Dazu werden in diesem Buch Methoden des Innovationsmanagements für exploitative und explorative Vorgehensweisen vermittelt.

Innovation benötigt engagierte Menschen

Zur Entwicklung und Umsetzung von Innovationen reichen Organisation und Management nicht aus – es werden auch die richtigen Menschen benötigt. Hier sind Personen mit fachlichem Know-how und Erfahrungen gefordert sowie Personen, die „über den Tellerrand hinausblicken" können und kreativ sind. Natürlich müssen diese Eigenschaften nicht in einer Person zusammen vorhanden sein. Für Innovationsaktivitäten sollten Teams gebildet werden, in denen diese Aspekte gut vertreten und auch die nötigen fachlichen Kompetenzen vorhanden sind. Viele Mitarbeitende bringen eine hohe Motivation mit, an Innovationsthemen mitzuarbeiten und bringen gerne ihre eigenen Ideen ein. Sie sollten unbedingt in die Innovationsaktivitäten des Unternehmens eingebunden werden.

Innovation bedeutet Veränderung

Bei der Entwicklung und Umsetzung von Innovationsideen können Widerstände innerhalb und außerhalb des Unternehmens auftreten. Denn wenn etwas Neues entsteht, müssen immer wieder Prozesse, Abläufe und Arbeitsweisen verändert werden. Dies wird von vielen Menschen als Störung empfunden (vgl. Hauschildt et al. 2016).

In einer Studie zu diesem Thema gab es bei mehr als der Hälfte der untersuchten 409 Produktinnovationen Einwände oder Bedenken (vgl. Kriegesmann et al. 2005). Grundsätzlich kann es sich dabei um individuelle Gründe handeln (auch als „Nicht-Wissen" oder „Nicht-Wollen" bezeichnet). Widerstand kann aber auch organisatorische Ursachen haben: so können benötigte Ressourcen fehlen, bestehende Routineprozesse passen nicht oder Verantwortlichkeiten für Innovationsthemen sind nicht geklärt (auch „Nicht-Können" oder „Nicht-Dürfen" genannt, vgl. Hauschildt et al. 2016). Insofern sollten Widerstände hinterfragt, Gründe herausgefunden und offen adressiert werden, um benötigte Veränderungen voranzutreiben. Um Innovationen im Unternehmen voranzubringen, ist also immer wieder ausführliche Kommunikation erforderlich, um alle „ins Boot zu holen".

1.4   Inhaltlicher Aufbau des Buchs

Das vorliegende Buch zeigt prägnant auf, wie gerade KMU Innovationsmanagement für sich gewinnbringend gestalten können. Wir haben bewusst die essenziellen Themen herausgearbeitet, die den Kern des Innovationsmanagements darstellen, um den Leser*innen in kondensierter Form die wichtigsten Inhalte zu vermitteln. Über Innovationsmanagement gibt es viel Literatur: Daher wird auch immer wieder auf weiterführende Bücher und Fachartikel verwiesen.

Das Buch ist folgendermaßen gegliedert.

• Anhand der vier Phasen des Innovationsprozesses werden geeignete Methoden für ein Innovationsmanagement in KMU vorgestellt: Dies beginnt mit der strategischen Orientierung/Problemidentifizierung zur Herleitung strategischer Zielsetzungen für Innovation (Kap. 2), gefolgt von der Ideenphase zur Gewinnung von Ideen als Grundlage für mögliche Innnovationen (Kap. 3) und der Bewertungs- und Auswahlphase, in der die vielversprechendsten Ideen bewertet und ausgewählt werden (Kap. 4), um sie dann in der vierten Phase umzusetzen und in den Markt einzuführen (Kap. 5). In Kap. 6 werden Exploitation und Exploration sowie Ambidextrie und deren Relevanz für die Praxis vorgestellt und ein hybrides Vorgehen erläutert, mit dem klassische und agile Methoden im Unternehmen kombiniert genutzt werden können.

- Kap. 7: Die Relevanz von nachhaltiger Entwicklung für Unternehmen und deren Innovationsaktivitäten wird beschrieben. Es werden praxisnahe Konzepte und Methoden zur umfassenden Integration von Nachhaltigkeitsaspekten in die einzelnen Phasen des in Kap. 2 bis Kap. 5 detailliert betrachteten Innovationsprozesses dargestellt.
- Kap. 8: Ein Fazit wird gezogen und in einem Ausblick dargestellt, welche Themen in Zukunft im Innovationsmanagement für KMU aus Sicht der Autor*innen wichtig sein werden und weitergetrieben werden sollten.

Integraler Bestandteil des Buches sind unterstützende Elemente und Materialien, die Sie themenorientiert durch das Buch begleiten. Sie werden im Folgenden vorgestellt.

1.5   Wie dieses Buch genutzt werden kann

Dieses Buch kann und soll genutzt werden, um sich aktiv mit den Inhalten der einzelnen Kapitel auseinanderzusetzen. Dazu finden Sie verschiedene unterstützende Elemente und Materialien: einige sind direkt ins Buch integriert, andere sind über die Website zum Buch unter www.hs-pforzheim.de/IMBuch herunterladbar (vgl. die Übersicht in Abb. 1.2). Die Materialien sind verzahnt und ergänzen sich gegenseitig.

Auf der *Website* zum Buch finden Sie allgemeine und kapitelbezogene Materialien.

Auf der Website	Im Buch pro Kapitel
Allgemeine Materialien:	✓ Hinweis auf Quiz und Lerntagebuch
✓ Projektsteckbrief	✓ Lernziele
✓ Lerntagebuch	✓ Gesamtbild
Kapitelbezogene Materialien:	✓ Übungen
✓ Quiz	✓ Firmen-Beispiel RasenfitKOCH
✓ Material zu Übungen	✓ Wiederholungs- und Verständnisfragen
	✓ Anwendung und Reflexion für die Praxis
	✓ Hinweise auf Projektsteckbrief und Quiz

Abb. 1.2 Überblick über unterstützende Elemente und Materialien

Unter den allgemeinen Materialien stehen eine Vorlage für ein „Lerntagebuch" und eine Vorlage für einen „Projektsteckbrief" zur Verfügung.

- Im *Lerntagebuch* können Sie kapitelweise Ihre Notizen und Gedanken dazu festhalten, wie Sie mit dem Kapitel vorangekommen sind, welche Unklarheiten Sie ggf. noch haben und welche Inhalte Sie für Ihre Innovationspraxis besonders spannend finden.
- Der *Projektsteckbrief* bezieht sich auf ein reales, bald startendes oder bereits gestartetes Innovationsprojekt – oder ggf. auf ein fiktives Innovationsprojekt, wenn Sie aktuell kein reales Projekt durchführen oder planen. (In diesem Fall empfehlen wir, das fiktive Innovationsprojekt möglichst nah an Ihrer Unternehmensrealität zu entwerfen.) Der Steckbrief ist ein einfaches Dokument, in das die wichtigsten Fakten und Rahmenbedingungen für das Innovationsprojekt eingetragen und kontinuierlich aktualisiert werden (siehe die schematische Darstellung seiner Inhalte in Abb. 1.3). In der Vorlage zum Projektsteckbrief helfen Ihnen Leitfragen beim Ausfüllen. Der Projektsteckbrief wird in jedem Kapitel des Buches relevant.

Unter den kapitelbezogenen Materialien finden sich:

- ein *Quiz* zu jedem inhaltlichen Kapitel, das Sie zu Beginn und nach Abschluss eines Kapitels ausfüllen und
- *Übungsmaterialien*, die sich auf die Inhalte des jeweiligen Kapitels beziehen und dort erklärt werden.

Am besten laden Sie sich alle Materialien auf der Website ganz zu Beginn herunter.

Direkt im Buch finden sich in jedem inhaltlichen Kapitel folgende unterstützende Elemente:

- Zu Beginn finden Sie einen Überblick über die *Lernziele* des jeweiligen Kapitels.
- Sie finden einen Hinweis auf das *Quiz* zum Kapitel und auf das Lerntagebuch.

Name/Titel des Innovationsprojekts	Entstehung der Projektidee
Bild zum Projekt	Bewertung und Auswahl der Projektidee
Inhalt und Ziel des Projekts	Umsetzung des Projekts
Motivation, Einbettung des Projekts	Kommunikation und Markeinführung
Dauer, Zeitraum (angedacht) des Projekts	Weitere Anmerkungen zum Projekt
Beteiligte Personen/Abteilungen	

Abb. 1.3 Schematische Darstellung der Inhalte des Projektsteckbriefs

- Das *Gesamtbild Ambidextres Innovationsmanagement in KMU* unterstützt die Verortung des jeweiligen Kapitels.
- In jedem Kapitel gibt es *Übungen* – teilweise mit, teilweise ohne Zusatzmaterial. Hier können Sie Inhalte des Kapitels anwenden und vertiefen.
- Durch das Buch begleitet das *Beispiel* der (fiktiven) Firma RasenfitKOCH. Eine erste Einführung zum Unternehmen findet sich in Kap. 2. Die jeweiligen Kapitelinhalte und ihre Bedeutung für KMU werden so nochmals praxisnah verdeutlicht.
- Nach Zusammenfassung und Fazit finden Sie in jedem Kapitel *Wiederholungs- und Verständnisfragen*. Nutzen Sie diese zur Überprüfung Ihres Wissensstandes.
- Schließlich bietet jedes Kapitel *Fragen zur Reflexion und Anwendung des Gelernten*. Hier geht es um den Transfer für die Praxis und Ihr Innovationsprojekt.

Daran anschließend kommt Ihr Projektsteckbrief ins Spiel: Prüfen Sie, inwiefern Sie ihn nun durch Ihre neuen Erkenntnisse aus dem Kapitel ergänzen oder vervollständigen können.

Nun können Sie zum Abschluss des Kapitels erneut das *Quiz* zur Hand nehmen, das Sie vor Beginn des Kapitels ausgefüllt haben. Überprüfen Sie, ob Sie Fragen nun anders beantworten würden. Gleichen Sie Ihre Antworten abschließend mit den im Quiz abgedruckten Lösungen ab.

Wir empfehlen für Ihren größtmöglichen Nutzen folgendes Vorgehen bei der Arbeit mit diesem Buch:

1. Arbeiten Sie das Buch möglichst in chronologischer Reihenfolge durch, denn die Inhalte bauen aufeinander auf.
2. Bevor Sie mit den Inhalten des Buches starten: Laden Sie sich unter „allgemeine Materialien" die Vorlage „Projektsteckbrief" herunter und füllen Sie den Steckbrief stichwortartig aus.
3. Bevor Sie in das jeweilige Buchkapitel starten, machen Sie das entsprechende Quiz zum Kapitel – zu finden auf der Website zum Buch. Wichtig: Die Kontrolle findet erst am Ende des Kapitels statt.
4. Laden Sie sich zudem die Vorlage „Lerntagebuch" herunter und tragen Sie den jeweiligen Kapitelnamen ein.
5. Lesen Sie die am Anfang des Kapitels genannten Lernziele aufmerksam durch.
6. Starten Sie nun mit den Inhalten des Kapitels. Bearbeiten Sie die Übungen des Kapitels und ggf. die zugehörigen Unterlagen.
7. Machen Sie im Lerntagebuch fortlaufend Notizen bzw. aktualisieren Sie es.
8. Überprüfen Sie am Ende eines Kapitels Ihr Wissen mit den Wiederholungs- und Verständnisfragen und durch erneutes Ausfüllen und Kontrollieren des Quiz.
9. Reflektieren Sie schließlich über den Transfer in die Praxis, indem Sie am Ende des Kapitels die Fragen zur Anwendung des Gelernten bearbeiten und Ihren Projektsteckbrief prüfen und aktualisieren.

Wir wünschen Ihnen gutes Arbeiten mit dem Buch, wertvolle Erkenntnisse für Ihre Arbeit sowie Freude und Erfolg bei Ihren Innovationstätigkeiten.

Literatur

Aschhoff B, Crass D, Doherr T, Hud M, Hünermund P, Iferd Y et al (2013) Dokumentation zur Innovationserhebung 2013. Dokumentation Nr. 14-01. Hrsg v. Zentrum für Europäische Wirtschaftsforschung (ZEW). Mannheim. https://ftp.zew.de/pub/zew-docs/docus/dokumentation1401.pdf. Zugegriffen am 04.07.2022

Bauer W, Lauster M, Morszeck TH et al (2018) Wandel verstehen – Zukunft gestalten. Stuttgart. http://publica.fraunhofer.de/dokumente/N-491577.html. Zugegriffen am 13.01.2023

Boll S, Schnell M et al (2022) Mit Künstlicher Intelligenz zu nachhaltigen Geschäftsmodellen – Nachhaltigkeit von, durch und mit KI. Whitepaper aus der Plattform Lernende Systeme. Hrsg v. Lernende Systeme – Die Plattform für Künstliche Intelligenz. München. https://doi.org/10.48669/pls_2022-1. Zugegriffen am 04.07.2022

Bosch N, Brandenburg N, Enzler S, Fischer S, Kho N, Lang-Koetz C, Luger M, Maier P, Reichmann S, Reischl A, Weber S, Witzke M, Zwirner T (2022) Neue Wege für das Innovationsmanagement in KMU durch Blended Learning und firmenübergreifenden Austausch. In: Nitsch V, Brandl C, Häußling R, Lemm J, Gries T, Schmenk B (Hrsg) Digitalisierung der Arbeitswelt im Mittelstand – Band 1: Ergebnisse und Best Practice des BMBF-Forschungsschwerpunkts „Zukunft der Arbeit: Mittelstand – innovativ und sozial". Springer, Berlin

Brink S, Levering B, Icks A (2020) Das Zukunftspanel Mittelstand 2020 – Update der Expertenbefragung zu aktuellen und zukünftigen Herausforderungen des deutschen Mittelstands (IfM-Materialien Nr. 282). https://www.ifm-bonn.org/fileadmin/data/redak-tion/publikationen/ifm_materialien/dokumente/IfM-Materialien-282_2020.pdf. Zugegriffen am 22.07.2021

Bundesministerium für Bildung und Forschung (BMBF) (Hrsg) (2018) Forschung und Innovation für die Menschen. Die Hightech-Strategie 2025. https://www.hightech-strategic.de/SharedDocs/Publikationen/de/hightech/pdf/forschung-und-innovation-fuer-die-menschen.pdf. Zugegriffen am 31.03.2022

Bundesministerium für Bildung und Forschung (BMBF) (Hrsg) (2022) VORAUS:schau! I.-III. Runde: 112 Themen. https://www.vorausschau.de/SharedDocs/Downloads/vorausschau/de/112_Themenbl%C3%A4tter.pdf?__blob=publicationFile&v=2. Zugegriffen am 04.07.2022

Challoner J (Hrsg) (2015) 1001 Erfindungen, die unsere Welt veränderten. Deutsche Ausgabe. Edition Olms Zürich (A Quintessence book), Oetwil am See/Zürich

Cole T (2015) Digitale Transformation: Warum die deutsche Wirtschaft gerade die digitale Zukunft verschläft und was jetzt getan werden muss. Vahlen, München

Drucker PF (2015) Innovation and entrepreneurship. Practice and principles. Routledge, Abingdon

Duncan RB (1976) The ambidextrous organization: designing dual structures for innovation. In: Killman RH, Pondy LR, Sleven D (Hrsg) The management of organization. North Holland, New York, S 167–188

Expertenkommission Forschung und Innovation (EFI) (2017) Gutachten zu Forschung, Innovation und technologischer Leistungsfähigkeit Deutschlands 2017. EFI. Berlin. https://www.e-fi.de/fileadmin/Assets/Gutachten/2017/EFI_Gutachten_2017.pdf. Zugegriffen am 22.07.2022

Fischer J, Ries S (2014) Einfach genial! Über 40 weltberühmte Erfindungen aus Baden-Württemberg, 3. Aufl. Silberburg-Verl, Tübingen

Fraunhofer-Gesellschaft zur Förderung der angewandten Forschung e.V. (2019) Zukunftsthemen für die angewandte Forschung. Foresight Fraunhofer. http://publica.fraunhofer.de/dokumente/N-541003.html. Zugegriffen am 15.07.2020

Gassmann O, Frankenberger K, Csik M (2021) Geschäftsmodelle entwickeln, 3. Aufl. Carl Hanser, München

Hansen EG, Grosse-Dunker F, Reichwald R (2009) Sustainability innovation cube – a framework to evaluate sustainability of product innovations. Int J Innov Manag 13(4):683–713

Harford T (2017) Fifty inventions that shaped the modern economy. Riverhead Books, New York

Hauschildt J, Salomo S, Schultz C, Kock A (2016) Innovationsmanagement, 6., vollst. ak. und überarb. Aufl. Franz Vahlen (Vahlens Handbücher), München

Institut für Mittelstandsforschung Bonn (ifm). (o. J.) Mittelstandsdefinition des IfM Bonn. https://www.ifm-bonn.org/definitionen/mittelstandsdefinition-des-ifm-bonn. Zugegriffen am 01.08.2022

Klewitz J, Hansen EG (2014) Sustainability-oriented innovation of SMEs: a systematic review. J Clean Prod 65:57–75

Kommission der Europäischen Gemeinschaften (2003) Empfehlung der Kommission vom 6. Mai 2003 betreffend die Definition der Kleinstunternehmen sowie der kleinen und mittleren Unternehmen., 2003/361/EG. In: Amtsblatt der Europäischen Union (L 124 vom 20.05.2003)

Kriegesmann B, Kerka F, Kley T (2005) Innovationswiderstand und Gegenstrategien innovativer Kräfte: empirische Analysen zum „Fuzzy-Front-End" des Innovationsprozesses. Inst. für Angewandte Innovationsforschung (Berichte aus der angewandten Innovationsforschung, 218, IV), Bochum

Kunzlmann J, Edinger-Schons LM, Kraemer A (2021) Sustainability Management Monitor. Hrsg v. Bertelsmann Stiftung. Gütersloh. https://www.bertelsmann-stiftung.de/de/publikationen/publikation/did/sustainability-monitor-all. Zugegriffen am 30.06.2022

Lang-Koetz C, Schimpf S (2019) Nachhaltigkeit im Innovationsmanagement: Eine Studie zur Untersuchung der Integration von Nachhaltigkeitsaspekten im Innovationsmanagement deutscher Industrieunternehmen. Stuttgart. http://publica.fraunhofer.de/documents/N-562098.html. Zugegriffen am 01.08.2022

Muller P, Devnani S, Ladher R (2021) Annual Report on European SMEs 2020/2021. Digitalisation of SMEs. Publications Office of the European Union. Luxembourg. https://ec.europa.eu/docsroom/documents/46062/attachments/1/transla-tions/en/renditions/native. Zugegriffen am 22.07.2021

OECD, Eurostat (2018) Oslo manual 2018. Guidelines for collecting, reporting and using data on innovation, 4th edition. The measurement of scientific, technological and innovation activities. OECD Publishing/Eurostat, Paris/Luxembourg

O'Reilly CA, Tushman ML (2004) The ambidextrous organisation. Harv Bus Rev 82(4):74–81

Paech N (2007) Directional certainty in sustainability-oriented innovation management. In: Lehmann-Waffenschmidt M (Hrsg) Innovations towards sustainability. Conditions and consequences. Physica-Verlag, Heidelberg, S 121–140

Pleschak F, Sabisch H (1996) Innovationsmanagement. Schäffer-Poeschel, Stuttgart

Porter ME (2013) Wettbewerbsstrategie. Methoden zur Analyse von Branchen und Konkurrenten (Competitive strategy), 12., ak. und erw. Aufl. Campus, Frankfurt am Main

Sassen R, Azizi L, Bien C, Braun V (2021) Stand nachhaltigen Wirtschaftens in Deutschland. Hrsg v. Rat für Nachhaltige Entwicklung. https://www.nachhaltigkeitsrat.de/wp-content/uploads/2021/05/2105012_Studie_Stand_nachhaltiges_Wirtschaften_Deutschland.pdf. Zugegriffen am 01.08.2022

Schimpf S (2019) Praxisstudie Disruption: Wie Unternehmen potenziell disruptive Technologien erkennen, bewerten, entwickeln und umsetzen. Stuttgart. http://publica.fraunhofer.de/documents/N-540819.html. Zugegriffen am 01.08.2022

Thom N (1980) Grundlagen des betrieblichen Innovationsmanagements, 2. Aufl. Hanstein, König-stein/Ts.

Tidd J, Bessant J (2021) Managing innovation. Integrating technological, market and organizational change, 7. Aufl. Wiley, Hoboken

Umweltbundesamt (UBA) (Hrsg) (2022) Erneuerbare Energien in Deutschland. Daten zur Entwick-lung im Jahr 2021. Dessau-Roßlau. https://www.umweltbundesamt.de/sites/default/files/me-dien/479/publikationen/hg_erneuerbareenergien_dt.pdf. Zugegriffen am 04.07.2022

Vahs D, Brem A (2015) Innovationsmanagement. Von der Idee zur erfolgreichen Vermarktung, 5., überarb. Aufl. Schäffer-Poeschel, Stuttgart

Der Innovationsprozess im Unternehmen beginnt mit einer strategischen Orientierung und der Problemidentifizierung. In der strategischen Orientierung werden langfristige Ziele in Bezug auf Innovation gesetzt. In der Problemidentifizierung wird ermittelt, welche Probleme aus Kundensicht das Unternehmen grundsätzlich adressieren soll.

Lernziele für dieses Kapitel: Die Leserinnen und Leser …

- kennen die Relevanz des Umfeldes des Unternehmens und dessen Veränderungen und verstehen den Unterschied zwischen einem Wandel 1. Ordnung und einem Wandel 2. Ordnung,
- kennen die aktuell relevanten Megatrends und können deren mögliche Auswirkungen auf das Unternehmen beispielhaft beschreiben,
- können erklären, was eine Innovationsstrategie ist und welche möglichen Inhalte sie haben kann,
- kennen mögliche Markteintrittsstrategien (Pionier, Folger etc.) und können deren Vor- und Nachteile anhand von Beispielen erläutern,
- kennen Methoden zur Entwicklung von Innovationsstrategien und können sie für praktische Fragestellungen anwenden.

Nutzen Sie für dieses Kapitel das Lerntagebuch – http://www.hs-pforzheim.de/IMBuch.

Beantworten Sie die Fragen des Quiz zum Kapitel. Die Überprüfung findet erst am Ende des Kapitels statt.

In Abb. 2.1 finden Sie das Gesamtbild „Ambidextres Innovationsmanagements in KMU". Das Kap. 2 ist hier in der ersten Phase des Innovationsprozesses zu verorten.

© Der/die Autor(en) 2023
C. Lang-Koetz et al., *Ambidextres Innovationsmanagement in KMU*,
https://doi.org/10.1007/978-3-662-66458-2_2

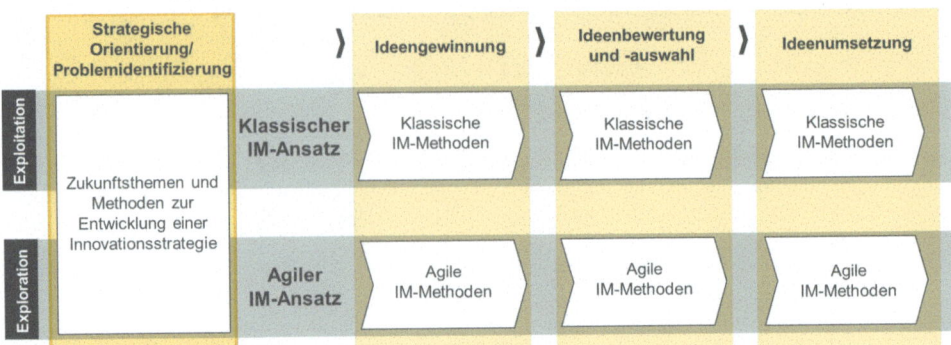

Abb. 2.1 Gesamtbild „Ambidextres Innovationsmanagement in KMU" – Verortung des Kap. 2 (entwickelt im Forschungsprojekt InnoDiZ; Phasenmodell aufbauend auf Pleschak und Sabisch 1996; Thom 1980; Vahs und Brem 2015)

2.1   Strategische Orientierung im Wandel 1. und 2. Ordnung

Bei der strategischen Orientierung ist es wichtig, den Kontext bzw. das Umfeld des Unternehmens mit seinen spezifischen Herausforderungen und kontinuierlich notwendigen Anpassungen zu betrachten. Generell kann man zwei Arten von Wandel unterscheiden (vgl. Staehle 2014, S. 900).

Beim Wandel 1. Ordnung handelt es sich um einen eindimensionalen Wandel, bei dem sich der Markt nur teilweise ändert. Dieser Wandel beschränkt sich auf einzelne Ebenen. Er beinhaltet eine Kontinuität in die gleiche Richtung und ist inkrementell. Eine bestehende Technologie, ein bestehendes Produkt oder eine bestehende Dienstleistung werden weiterentwickelt und verbessert (vgl. Christensen 2013, S. 6). So wurden bis zum Jahr 2007 z. B. die Mobiltelefone immer leichter und kleiner bei gleichzeitig steigender Betriebsdauer. Die grundsätzliche Funktionalität und das Geschäftsmodell (Verkauf von Mobiltelefonen) hat sich aber nicht geändert.

Dem gegenüber steht der Wandel 2. Ordnung (vgl. Staehle 2014). Dieser Wandel wird als mehrdimensional bezeichnet. Der Markt ändert sich vollständig, indem er alle Ebenen umfasst und eher qualitativ ausgerichtet ist. Er beinhaltet eine Diskontinuität in eine neue Richtung und kann als revolutionär und anfangs vermeintlich irrational verstanden werden. Zudem ist diese Form des Wandels durch einen Paradigmenwechsel gekennzeichnet. Damit verbunden ist, dass eine bestehende Technologie, ein bestehendes Produkt oder eine bestehende Dienstleistung durch ein neues Angebot vollständig verdrängt wird. Dieses kann zu Beginn in seinem Kernbereich vielleicht sogar schlechter sein als das bisherige Angebot. Es spricht jedoch einen anderen Kundennutzen an, der letztlich den Wettbewerbsvorteil ausmacht (vgl. Christensen 2013, S. 6). Christensen prägt für einen solchen Wandel den Begriff „Disruption" (vgl. Christensen 1997). So gab es z. B. bei Mobiltelefonen mit der Einführung von Smartphones ganz neue Funktionalitäten, die das Lesen von

Mails oder das Abspielen von Musik ermöglichten. Eigentlich disruptiv war aber die Software auf dem Mobiltelefon, die das Gerät mit einem Internet-Shop verbunden hat, über den Applikationen und Funktionalitäten hinzuerworben werden können. So ist das Smartphone zum mobilen Endgerät geworden, mit dem eine dauerhafte Schnittstelle zur Plattform-Ökonomie geschaffen wurde. Der Anbieter dieser Plattform hat sich dabei eine doppelt strategische Position verschafft, denn er verkauft nicht nur Smartphones und setzt durch die Software Standards, sondern verdient durch seine Schnittstelle zur eigenen Plattform noch einmal an den Umsätzen der Drittanbieter, die er wiederum im Zugang kontrollieren kann. Das verschafft ihm eine zentrale Marktmacht und schützt ihn zudem vor einer Verdrängung seiner Produkte und Dienstleistungen.

Ein Unternehmen benötigt eine unterschiedliche Herangehensweise an die strategische Orientierung, je nach Szenario: Im Wandel 1. Ordnung wird es langfristige Ziele definieren, im Wandel 2. Ordnung eher iterativ vorgehen und immer wieder verändernde Zielbilder formulieren. Der Grund dafür besteht darin, dass sich im Wandel 1. Ordnung eine Prognose über ein mögliches Zukunftsbild und die sich ergebenden Ziele treffsicherer beschreiben lassen, weil die Unternehmen bereits über mehr Erfahrungen im gegebenen Paradigma verfügen als im Wandel 2. Ordnung.

In Anlehnung an das TRAFO-Modell von Organisationen kann vermutet werden, dass Unternehmen im Wandel 2. Ordnung Innovationen als zentralen Antreiber für die eigene Entwicklung sehen (vgl. Häusling et al. 2020). Um innovativ zu sein, müssen sich die Unternehmen dabei kontinuierlich Impulse von außen beschaffen. Diese Impulse werden dann dazu genutzt, permanent Experimente durchzuführen, um sich so ständig weiterzuentwickeln. Innovationsprozesse sind also in diesem Umfeld Experimente und dürfen auch scheitern. Nichts, was hier erzeugt wird, bleibt so wie es ist. Alles kann daher noch einmal verändert werden und wird somit nur als letzter Stand des Irrtums angesehen. Dazu benötigt es eine bestimmte Lernkultur, die dieses Scheitern als Basis für eine Verbesserung des Zielbilds der Zukunft versteht. Solche Innovationen lassen sich am besten in Gruppen kleiner unabhängiger Zellen erzeugen. Der zentrale Fokus ist dabei in erster Linie, dass die Ziele konsequent auf die Kundenbedürfnisse einzahlen müssen.

Warum ist die Zukunft so wichtig?

Der „Blick in die Zukunft" ist ein wesentliches Element in der Festlegung der Strategie eines Unternehmens. Denn Veränderungen im Unternehmen und in dessen Umfeld können einschneidende positive sowie negative Folgen für die Wettbewerbssituation haben. So sind Markt, Kundenbedürfnisse und gesetzliche Regularien fortwährendem Wandel ausgesetzt. Änderungen sind im Detail nur sehr schwer vorherzusehen. Trotzdem sollte man sich aktiv mit der Zukunft auseinandersetzen, um zu verstehen, welche Produkte, Lösungen und Innovationen dann erfolgversprechend sein können. Denn gerade die Innovationsentwicklung kann oft mehrere Jahre in Anspruch nehmen. Viele Projekte beginnen heute, sind aber vielleicht erst in einigen Jahren abgeschlossen. Deshalb müssen insbesondere technische, marktliche und rechtliche Veränderungen jetzt schon antizipiert werden. Eine gängige Methode ist die Retropolation. Darunter versteht man, dass „ausgehend von einem Zustand in der Zukunft zurück in Richtung der heutigen Situation" geplant wird (Reymann 2012, S. 19). Man befindet sich also in einen zukünftigen Zeitzustand und leitet daraus ab, was man tun müsste, um diesen zu erreichen.

Übung 2.1: Retropolation

Ihr Unternehmen hat 2030 den deutschen Innovationspreis erhalten. Sie dürfen eine Dankesrede zur Preisübergabe halten. Dabei wollen Sie die Leistungen würdigen, die in Ihrem Unternehmen vollbracht wurden. Was musste rückblickend passiert sein, damit es dazu kam? Welche Punkte müssten in Ihrer Rede erwähnt werden? ◄

In die Zukunft blicken erfordert Mut – denn Vorhersagen sind schwer. Die Glaskugel oder das Zukunftsfernrohr, die uns hier weiterhelfen könnten, wurden leider noch nicht erfunden. Aber: es gibt mittlerweile viele Menschen, die sich professionell mit Zukunftsthemen beschäftigen. Diese sogenannten Zukunftsforschenden entwickeln zum Teil sehr visionäre Zukunftsbilder. Sie beschäftigen sich aber auch intensiv damit, welche Themen gerade in Forschungslaboren bearbeitet werden und leiten dann ab, welche neuen technologischen Möglichkeiten daraus entstehen könnten. Von Zukunftsforschenden kann man gute Einblicke bekommen: Viele Zukunftsstudien oder Zukunftsszenarien sind frei verfügbar erhältlich und können als Inspirationsquellen genutzt werden.

Folgende Organisationen führen Zukunftsstudien durch:

- Das Bundesministerium für Bildung und Forschung (BMBF) mit seinem „Foresight Prozess"
- Das Büro für Technikfolgen-Abschätzung beim Deutschen Bundestag (TAB)
- Das Institut für Technikfolgenabschätzung und Systemanalyse (ITAS) des Karlsruher Instituts für Technologie (KIT)
- Das Fraunhofer-Institut für System- und Innovationsforschung (ISI)
- Das Institut für Zukunftsstudien und Technologiebewertung (IZT)
- Das Zukunftsinstitut
- Das Institut für Trend- und Zukunftsforschung (ITZ)
- Die Europäische Umweltagentur (EEA)

Wenn dann mögliche Zukunftsbilder für das eigene Unternehmen entwickelt wurden, kann daraus abgeleitet werden, wie man selbst oder das Unternehmen auf anstehende Entwicklungen reagieren kann. Welche Chancen ergeben sich daraus, aber auch welche Risiken? Welche Aktivitäten sollte das Unternehmen angehen, um erfolgreiche Innovationen zu entwickeln und an den Markt zu bringen? Das sind die Kernfragen, die beantwortet werden sollten.

Zukunftsthemen: Megatrends
Mögliche Zukunftsentwicklungen werden oft über sogenannte Megatrends abgebildet. Sie beschreiben Veränderungen, die transformativen Charakter haben und unsere Gesellschaft wesentlich verändern können (vgl. Naisbitt 1984). Megatrends können sich auf verschiedene Art und Weise auf ein Unternehmen auswirken: Sie können zur Veränderung der Kundenbedürfnisse führen, Prozesse in der Wertschöpfungskette verändern oder Auswirkungen auf die Mitarbeitenden haben. Die aus Sicht der Autor*innen wichtigsten Megatrends sind im Folgenden kurz beschrieben.

Demographischer Wandel
Die Alterung der Gesellschaft und das globale Bevölkerungswachstum führen dazu, dass der Altersdurchschnitt in den meisten Ländern der Erde steigt: Die meisten von uns werden älter als ihre Vorfahren. Dies trifft sowohl für die Industrieländer als auch für Schwellen- und Entwicklungsländer zu.

In sogenannten westlichen Ländern ist das steigende Alter eine Herausforderung für die Aufrechterhaltung und Finanzierung von Pensions-, Gesundheits- und Sozialsystemen, da diese viele junge Beitragszahlende benötigen. Auch könnte es für Unternehmen schwieriger werden, ausreichende und qualifizierte Mitarbeitende zu bekommen. Gleichzeitig gibt es weltweit einen Bedarf an neuen Produkten und Lösungen für ältere Menschen.

Globalisierung und vernetzte Welt
Industrielle Wertschöpfungsketten sind international aufgestellt. Die Welt wird sich auch in Zukunft weiter verflechten, selbst wenn es immer wieder zu Handelskonflikten kommt. Der Welthandel steigt weiterhin und aufstrebende Schwellenländer bieten einerseits interessante Märkte, intensivieren aber andererseits ebenso den Wettbewerb.

Gleichzeitig schaffen die Digitalisierung und die informationstechnische Vernetzung durch das Internet fortwährend neue Möglichkeiten des Informationsaustausches und der Kommunikation in Unternehmen, in Produkten und über neuartige Geschäftsmodelle – mit Chancen und Risiken für Unternehmen.

Weltweite Urbanisierung
Der Anteil der Landbevölkerung nimmt weltweit weiter ab, immer mehr Menschen ziehen in die großen Städte, deren Einwohnerzahlen steigen. Außerhalb von Europa gibt es mehr und mehr Megacities (Städte mit mehr als 10 Millionen Menschen).

Die Herausforderung ist dabei einerseits, eine angemessene Lebensqualität und Versorgung der dort lebenden Menschen zu gewährleisten. Andererseits ergeben sich viele Chancen für Unternehmen, die Lösungen für Infrastruktur, Energieversorgung, Wohnraum, Sicherheit, Verkehr sowie Stoff- und Kreislaufmanagement anbieten.

Nachhaltig leben

Nachhaltige Entwicklung zählt zu den größten und dringlichsten Aufgaben der Gegenwart und Zukunft. Luft, Wasser und Boden werden durch menschliche Aktivitäten verschmutzt, die Biodiversität geht weiter zurück und der Klimawandel schreitet weiter voran – die Frage ist nur, in welchem Ausmaß. Der weltweite Energiebedarf steigt zukünftig an und für die in Hightech-Produkten benötigten Materialien gibt es mehr Nachfrage als Angebot. Die Politik reagiert auf den gesellschaftlichen Druck mit stärkeren Regularien im Umweltbereich und das Kundeninteresse an nachhaltig hergestellten Produkten und Lösungen steigt.

Die soziale Perspektive spielt ebenso eine wichtige Rolle. Dabei geht es um insbesondere um faire Arbeitsbedingungen und Gleichberechtigung im Unternehmen oder bei den Zulieferern. Den gesamtgesellschaftlichen Kontext stellen die Nachhaltigkeitsziele der UN (Vereinigte Nationen) dar. Wichtige Ziele sind unter anderem Gesundheit, Wohlbefinden und die Beseitigung von Armut und Hunger. Zusätzlich prägt das Ziel einer hochqualitativen Bildung den Megatrend „Nachhaltig leben".

Neue Arbeitswelt/hybrides Arbeiten

Die Bedeutung von Wissen und Kreativität am Arbeitsplatz steigt weiter an. Flexiblere Arbeitsmodelle verbreiten sich, die Bereitschaft dazu nimmt insbesondere seit der Pandemie weiter zu. Das Arbeiten „fernab vom Arbeitsplatz" schafft Flexibilität, stellt aber gleichzeitig neue Anforderungen an die Mitarbeitenden in Bezug auf Selbstorganisation und Kommunikation. Zunehmend sind für Mitarbeitende Selbstständigkeit, Freiheit und Teilhabe an der Gemeinschaft zentrale Werte. Der Wunsch nach flachen Hierarchien nimmt zu und die Sinnhaftigkeit der Arbeit tritt in den Vordergrund.

Digitalisierung

Informations- und Kommunikationstechnik verbreitet sich weiter – im Alltag von Bürger*innen, im Geschäftsleben, in Produktion und Logistik und weiteren Bereichen. Komponenten und Produkte werden mehr und mehr mit Hardware und Software ausgestattet, können Daten und Messwerte erfassen, haben IT-gestützte Funktionalitäten und sind mit anderen Objekten vernetzt. Dies ermöglicht neue Geschäftsmodelle, verändert aber auch die Arbeitswelt: Zum Teil können komplexe menschliche Tätigkeiten durch Robotik und/oder künstliche Intelligenz ersetzt werden. Der Datenschutz wird in diesem Kontext noch wichtiger, dennoch werden Cyberattacken weiter zunehmen. Aus diesem Trend ergeben sich vielfältige Chancen aber auch Risiken für Unternehmen und Nutzer*innen.

Übung 2.2: Megatrends und deren Einfluss auf das Unternehmen

Beantworten Sie folgende Frage: Welchen Einfluss könnten die aktuellen Megatrends auf Ihr Unternehmen haben und wie sollte es damit umgehen?

Suchen Sie sich *einen* der oben genannten Megatrends heraus und stellen Sie mögliche *Auswirkungen* auf Ihr Unternehmen dar, die Ihrer Meinung nach auftreten können. Geben Sie *Empfehlungen* ab, wie Ihr Unternehmen darauf reagieren sollte.

Unter http://www.hs-pforzheim.de/IMBuch finden Sie weitere Informationen sowie Vorlagen zur Dokumentation Ihrer Ergebnisse. ◄

Zukunftsthemen: Technologietrends

In Unternehmen spielen Technologien im Allgemeinen eine wichtige Rolle – für Produkte und Produktion. Neue Technologien können grundsätzlich als Befähiger für Innovationen dienen (vgl. Lang-Koetz 2016).

Wie können Unternehmen nun Chancen in diesem Bereich erkennen und nutzen? Interessante Impulse können Technologiestudien geben, in denen aktuelle Entwicklungen in der Forschung und deren Relevanz für die Praxis aufgezeigt werden. Auch Gespräche mit Expert*innen können wertvolle Anhaltspunkte liefern, welche Potenziale neue Technologien ermöglichen.

Jedoch fällt es oft schwer, den aktuellen Stand der Entwicklung und die Anwendbarkeit neuer Technologien für das eigene Anwendungsfeld zu verstehen. Relevantes Wissen zu finden ist häufig aufwändig und die Bewertung neuer technologischer Ansätze schwierig, gerade wenn sie außerhalb des bestehenden Kompetenzbereichs fallen (vgl. Lang-Koetz 2016).

Mit einem Technologie-Monitoring können technologische Optionen ermittelt und bewertet werden. Es „beinhaltet die Identifikation, Bewertung und Beobachtung von Technologien in festgelegten und nicht festgelegten Technologiefeldern" (vgl. Schimpf und Lang-Koetz 2010, S. 9). Es ähnelt damit stark den Ansätzen Technology Intelligence, Technologie-Frühaufklärung und Technologie-Scouting und wird in vier Phasen unterteilt (vgl. Schimpf und Lang-Koetz 2010):

1. Identifikation relevanter Technologie- oder Anwendungsfelder (Suchfeldbestimmung).
2. Informationssammlung zu relevanten Technologie- und Anwendungsfeldern (Suchen und Beobachten).
3. Bewertung relevanter Technologie- und Anwendungsfelder (Bewerten und Entscheiden).
4. Kommunikation der Ergebnisse des Technologie-Monitorings (Speichern und Verteilen).

Somit ist Technologie-Monitoring ein Element, um eine Technologiestrategie als Teil einer Innovationsstrategie zu entwickeln.

Für KMU empfiehlt es sich, relevante Suchfelder zu definieren, regelmäßig Technologietrends zu sichten und deren Relevanz abzuschätzen. Denn neue Entwicklungen in den Bereichen Informations- und Kommunikationstechnik (Digitalisierung, Automationstechnik, …), bei Materialien, Produktionsverfahren, Umwelttechnik oder in anderen Technologiefeldern können vielfältige Chancen bieten (aber auch Risiken für das bestehende Geschäft bergen). Dazu eignen sich insbesondere Studien des Bundesministeriums für

Bildung und Forschung (BMBF), des Büros für Technikfolgen-Abschätzung beim Deutschen Bundestag (TAB), des Instituts für Technikfolgenabschätzung und Systemanalyse (ITAS) des Karlsruher Institut für Technologie (KIT) und des Fraunhofer-Instituts für System- und Innovationsforschung (ISI) sowie Gespräche mit Expertinnen und Experten zu neuen Technologien.

Mit einem Suchfeld wird dargestellt, in welchen Bereichen besonders nach Veränderungen gesucht werden soll, um mögliche Chancen und Risiken im Umfeld des Unternehmens zu identifizieren. Beispiele können sein:

- Technologien zur Digitalisierung von Produkten und Produktionsprozessen
- Neue Materialien im Bereich Metall und Kunststoff
- Einsatz von Virtual-Reality-Technologien in der Produktion
- Regularien im Umweltbereich, z. B. zu CO_2-Emissionen von Produkten oder gefordertem Recyclinggehalt von Kunststoffen

Für diese Suchfelder ermittelte Informationen zu neuen Technologien/Technologietrends können dann genutzt werden, um gezielt Innovationsideen zu entwickeln. Weiterhin sollten Verantwortliche definiert werden, die sich regelmäßig mit ihnen auseinandersetzen und dies mit der Geschäftsführung diskutieren.

Innovationsstrategie: Grundlagen
Nun wollen wir uns mit der Innovationsstrategie beschäftigen. Was ist das überhaupt? Welche Möglichkeiten gibt es, eine Innovationsstrategie zu gestalten? Wie kann eine Innovationsstrategie entwickelt werden? Dies wird auf den folgenden Seiten erläutert.

Eine Strategie dient dazu, das Unternehmen langfristig auszurichten, um die Ziele des Unternehmens (unter Berücksichtigung der Unternehmenswerte) zu erfüllen und enthält geeignete konkrete Maßnahmen für den Unternehmensalltag (in Anlehnung an Vahs und Brem 2015, S. 96 f.). „Langfristig" kann dabei eine recht unterschiedliche Bedeutung haben. Viele Unternehmen betrachten einen Zeitraum von fünf bis zehn Jahren, wenn sie eine Strategie entwickeln.

Im Normalfall ist eine Unternehmensstrategie niedergeschrieben und den Mitarbeitenden kommuniziert. In manch kleineren Unternehmen liegt sie nur „in den Köpfen" der Geschäftsführung vor. In jedem Fall empfiehlt es sich, die Entwicklung der Strategie systematisch anzugehen und deren Kernelemente im Unternehmen bekannt zu machen, um den Mitarbeitenden Orientierung zu geben.

▶ **Innovationsstrategie** Eine Innovationsstrategie bestimmt, in welchen Bereichen wann Innovationen realisiert werden sollen, um die Unternehmensziele bestmöglich zu erreichen (vgl. Goffin et al. 2009, S. 167).

Sie bildet einen Teil der Gesamtstrategie eines Unternehmens. Eine Innovationsstrategie sollte daher alle Funktionen des Unternehmens adressieren (Forschung & Entwicklung, Personal, Finanzen, Produktion, Marketing, …). Sie kann Teilstrategien für die Themenfelder Technologien, Produkte, Prozesse und Timing (Markteintritt) beinhalten (vgl. Vahs und Brem 2015, S. 107).

Bei der Entwicklung von Innovationen ist die Frage des Markteintritts besonders relevant. Das Unternehmen muss sich entscheiden, ob es sich eher als „Pionier" oder „Folger" sieht und daraus eine konkrete Markteintrittsstrategie ableiten. Die beiden Strategien lassen sich folgendermaßen charakterisieren (vgl. Porter 2013, S. 293 ff.; Vahs und Brem 2015, S. 110 f.; Schilling 2017, S. 93 f.; Tidd und Bessant 2021, S. 147 f.):

- Pionierstrategie: Das Unternehmen setzt sich zum Ziel, mit Innovationsthemen als Erstes an den Markt zu gehen und sieht sich als Technologieführer. Dies bedeutet, dass ein starker Fokus auf der Gewinnung neuer Ideen liegen muss und viele Ressourcen für Forschung und Entwicklung zur Verfügung gestellt werden müssen. Kurze Entwicklungszeiten müssen eingehalten werden. Diese Strategie ermöglicht einen Erfahrungsvorsprung gegenüber Wettbewerbern, ist aber mit relativ hohem Risiko verbunden, da keine oder nur wenige Orientierungsmöglichkeiten in Bezug auf Marktakzeptanz und Technologie vorliegen. Wenn die Strategie erfolgreich ist, können erste Erträge durch die Innovation allein genutzt werden (ohne sie mit einem Wettbewerber zu teilen). Die Darstellung als Pionier kann zur Image-Verbesserung genutzt werden.
- Folgerstrategie: Das Unternehmen beabsichtigt hier, mit Innovationsthemen erst nach dem Pionier an den Markt zu kommen – wenn sich Marktentwicklung und Kaufverhalten schon etwas stabilisiert haben und die weitere Entwicklung relativ sicher eingeschätzt werden kann. Es kann damit von dessen Erfahrungen (in Bezug auf Technologieentwicklung, aber auch Kundenakzeptanz) profitieren und geht ein geringeres Risiko in Bezug auf die Markteinführung ein. Das Unternehmen muss sich daher intensiv mit dem Wettbewerb auseinandersetzen, mitunter auch dessen Produkte und Lösungen genau analysieren. Es fokussiert auf eine anwendungsorientierte Weiterentwicklung der bereits erfolgreich eingeführten Innovation (Fokus auf Kundenanforderungen).

Weiterhin kann die Imitationsstrategie genannt werden, bei der keine eigene Forschung und Entwicklung betrieben, sondern das Ziel der Kostenführerschaft verfolgt wird (vgl. Vahs und Brem 2015, S. 112). Diese Art von Markteintrittsstrategie zielt insofern nicht auf Innovationen mit Kundenfokus (neue Produkte, Dienstleistungen, Lösungen, Geschäftsmodelle) ab und wird daher nicht weiter betrachtet.

Doch welche Strategie ist nun erfolgreicher? Im Wesentlichen sind folgende Aspekte zu berücksichtigen (vgl. Vahs und Brem 2015, S. 111 ff.):

- Eine Pionierstrategie ist dann besonders gut geeignet, wenn ein Unternehmen innovative Produkte anzubieten hat, die einen Technologiesprung darstellen und ihm damit eine Einzigartigkeitsposition (Unique-Selling-Proposition, „USP") verschaffen. Oft handelt es sich dabei um Unternehmen, die viel Forschung und Entwicklung betreiben. Sie agieren technologieorientiert, nutzen Wissen, insbesondere über neue Technologien, als Grundlage für Innovationen und verfolgen eine Innovations- und Technologieführerschaft.

- Jedoch gibt es auch viele Beispiele, in denen ein früher Folger den Pionier schnell aus dem Markt drängen konnte. Dies kann durch eine ungenügende Kundenorientierung des Pioniers begründet sein. Vielleicht wurde das neue Produkt nicht ausreichend attraktiv ausgestaltet oder das Marketing war unzureichend. Insofern kann auch eine Folgerstrategie erfolgreich sein. Sie ist dann sinnvoll, wenn das Unternehmen in seiner durchaus intensiven Entwicklungsarbeit eine starke Kundenorientierung verfolgt. Es agiert marktorientiert, reagiert auf Kund*innen-Bedürfnisse und sieht seinen Aufgabenschwerpunkt nicht nur im Bereich Entwicklung, sondern auch im Vertrieb.

In der Praxis ist zu beobachten, dass Unternehmen oft auch unterschiedliche Strategien für verschiedene Geschäftsbereiche oder Innovationsfelder verfolgen. So sind sie bei manchen als Pioniere aktiv, in anderen eher als Folger.

Entwicklung einer Innovationsstrategie in der Praxis
Für die Entwicklung einer Innovationsstrategie sollten die folgenden drei Phasen genutzt werden – sie stehen im Wechselspiel miteinander und müssen auch nicht unbedingt sequentiell durchgeführt werden (vgl. Vahs und Brem 2015, S. 117 ff.):

- Strategische Exploration: Hier wird die Ausgangsposition des Unternehmens und seines näheren und weiteren Umfeldes untersucht. Die mögliche Entwicklung der internen und externen Rahmenbedingungen wird betrachtet und es werden langfristig wichtige Trends analysiert.
- Strategische Planung: Auf Basis der durchgeführten Analysen werden langfristige Ziele festgelegt und mögliche Alternativen dargestellt.
- Strategische Steuerung: Die festgelegten Ziele werden strukturiert umgesetzt und kontrolliert.

Zwischen diesen drei Phasen kann es immer wieder zu Rückkopplungen kommen. Gerade durch neue Erkenntnisse aus dem Tagesgeschäft ist ggf. eine Anpassung der Planung nötig. Die Innovationsstrategieentwicklung ist somit ein regelmäßig wiederkehrender, gelebter Prozess.

In der Praxis empfiehlt es sich, die Innovationsstrategie einmal pro Jahr festzulegen bzw. zu überarbeiten. Konkrete Aktionspläne sollten formuliert und deren Umsetzung und Wirkung regelmäßig überwacht werden.

Ziele einer Innovationsstrategie können z. B. sein:

- Einführung von zwei neuen Produkten pro Geschäftsbereich pro Jahr in den Markt
- Erhöhung der Anteile der neuen Produkte am Produktportfolio um 10 % bis in drei Jahren
- Verkürzung der durchschnittlichen Zeit von Entwicklungsprojektstart bis Markteinführung einer Innovation um 10 %
- Erhöhung der Anzahl der als gut bewerteten Ideen um ein Drittel
- Entwicklung eines neuartigen Geschäftsmodells
- Für ein Maschinenbau-Unternehmen: Aufbau eines Servicegeschäfts

Eine wichtige Rolle spielen dabei die Führungskräfte: Sie bringen sich einerseits insbesondere durch gute Ideen für die Weiterentwicklung des Unternehmens und dessen Innovationstätigkeiten in die Entwicklung der Strategie ein. Andererseits treiben sie die Umsetzung der Strategie voran und haben eine wichtige Vorbildfunktion gegenüber den Mitarbeitenden. Der Kommunikation des Strategieentwicklungsprozesses und seiner Ergebnisse kommt dabei große Wichtigkeit zu, um die Mitarbeitenden zu motivieren und sie aktiv in die Strategieumsetzung einzubinden.

2.2 Methoden zur Entwicklung einer Innovationsstrategie

Welche Methoden können nun genutzt werden, um relevante Informationen zu analysieren und bei der Festlegung der Innovationsstrategie zu unterstützen? Dies wird in den nächsten Abschnitten dargestellt.

Die *Umfeldanalyse* ist ein wichtiges Instrument in der strategischen Exploration. Sie wird oft auch „Umweltanalyse" oder „PESTEL-Analyse" genannt. Mit dieser Methode können Einflussgrößen auf das Unternehmen betrachtet und eingeordnet werden. Im Fokus steht dabei die gegenwärtige und zukünftige wirtschaftliche, soziale, technologische und ökologische Stellung des Unternehmens in seinem Umfeld.

Ziel ist dabei, das nähere und weitere Umfeld des Unternehmens zu identifizieren und zu analysieren sowie mögliche Chancen und Bedrohungen zu erkennen und zu bewerten. Damit dient die Methode zur Sensibilisierung für das Umfeld und dessen Wirkungen auf strategische Entscheidungen (vgl. Vahs und Brem 2015, S. 122). Ein Beispiel für die Darstellung einer Umfeldanalyse eines Technologieanbieters für ein neues Recyclingverfahren findet sich in Abb. 2.2.

Abb. 2.2 Beispiel Umfeldanalyse eines Technologieanbieters für ein neuartiges Recyclingverfahren (in Anlehnung an Gasde et al. 2021)

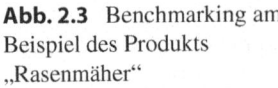

Abb. 2.3 Benchmarking am
Beispiel des Produkts
„Rasenmäher"

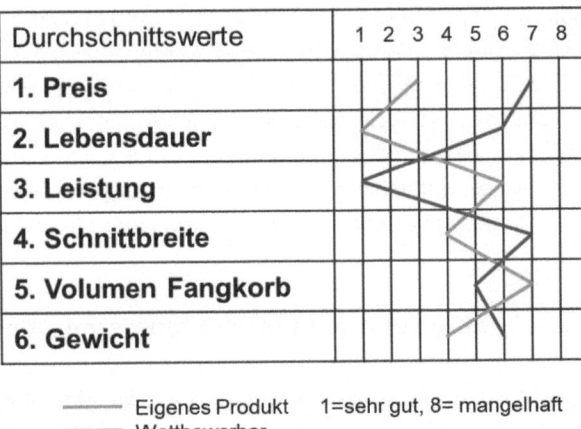

Ein *Benchmarking* dient dem Vergleich von Produkten oder Prozessen mit denen anderer Unternehmen. Man kann mit dieser Methode von „den Besten" lernen und daraus Erkenntnisse für das eigene Unternehmen und dessen Innovationstätigkeiten ableiten. Dafür sind Informationen zu sammeln, ggf. auch Daten zu erheben und auszuwerten. Über geeignete Bewertungskriterien oder auch Messwerte kann dann ein Vergleich erfolgen (siehe Beispiel in Abb. 2.3). So zeigt sich beispielsweise, in welchen Bereichen existierende Produkte besser oder schlechter sind als die der Wettbewerber. Je nach Zielgruppe im Markt und Ziele des Unternehmens kann daraufhin abgeleitet werden, wo Bedarf nach neuen Produktfunktionen oder für eine Neuentwicklung besteht (vgl. Müller-Stewens und Lechner 2016, S. 362 ff.).

Zur Darstellung der Stärken und Schwächen eines Unternehmens kann die sogenannte *SWOT-Analyse* genutzt werden. Mit ihr können Stärken (engl. strenghts – S) und Schwächen (engl. weaknesses – W) möglichen Chancen/Gelegenheiten (engl. opportunities – O) und Risiken/Bedrohungen (engl. threats – T) gegenübergestellt werden (vgl. Ilevbare et al. 2014). Sie wird manchmal auch „TOWS-Analyse" genannt.

Diese einfache Betrachtungsweise kann für ein ganzes Unternehmen, für ein Geschäftsfeld, aber auch für einzelne Technologien oder Produkte genutzt werden. Die Zusammenstellung der Schwächen (intern) und Risiken (extern) erfordert dabei eine ehrliche Auseinandersetzung mit dem betrachteten Thema, um auch konstruktiv Handlungsoptionen ableiten zu können.

Technologien und Produkte durchlaufen typische Phasen in ihrer Entwicklung. Man kann dort Ähnlichkeiten zu den Entwicklungsstadien von Lebewesen beobachten. Diese sind zunächst jung und noch in der Entwicklung befindlich, begeben sich dann in ihre „aktivste Phase", in der sie am leistungsfähigsten sind, um danach einer Alterung zu unterliegen. Dies gilt in ähnlicher Form genauso für Technologien und Produkte, man spricht daher von Technologie- und Produktlebenszykluskonzepten (vgl. Spath et al. 2011).

Auf der Suche nach den Produkten der Zukunft: das Beispiel der Firma RasenfitKOCH
Zur Verdeutlichung der im Buch dargestellten Methoden nutzen wir das Beispiel der Firma RasenfitKOCH. In ihrer Beschreibung sind Charakteristika und Fragestellungen eines typischen mittelständischen Unternehmens dargestellt.

Die Firma RasenfitKOCH aus Nagold im Schwarzwald hat ca. 480 Mitarbeitende in Deutschland und der Slowakei. Das Familienunternehmen besteht seit den 1970er-Jahren und wird in der zweiten Generation von der Tochter des Gründers, Svenja Koch, geleitet. RasenfitKOCH stellt Produkte zur Rasenpflege her, insbesondere Rasenmäher verschiedener Größen und verfügt über viel Know-how im Bereich Maschinenbau. In letzter Zeit wurde damit begonnen, für die Produkte der Zukunft Wissen in den Bereichen Sensorik und Softwareentwicklung aufzubauen.

Frau Koch und die Bereichsleiter*innen des Unternehmens haben sich im letzten Jahr intensiv mit der Weiterentwicklung des Produkt- und Lösungsportfolios des Unternehmens beschäftigt. In einer Megatrend-Analyse haben sie ermittelt, dass für RasenfitKOCH und deren Produkte und Lösungen insbesondere die Megatrends „Nachhaltig leben" und „Digitalisierung" relevant sind: So steigen die Anforderungen der Kund*innen an die Umweltfreundlichkeit der Produkte. Die Digitalisierung bietet technische Möglichkeiten für neue Produktfunktionalitäten wie z. B. Sensoren, die den Zustand des Rasens erfassen. Weiterhin erscheint der Technologietrend zu neuen, biobasierten Kunststoffen relevant für das Unternehmen. RasenfitKOCH beabsichtigt nun, vollkommen neue Produkte zu entwickeln, die dies berücksichtigen.

In einer Umfeldanalyse wurden die Rahmenbedingungen hierfür betrachtet und konkretisiert. Ein Produkt-Benchmarking hat gezeigt, dass die einst führenden Produkte des Unternehmens in Bezug auf Design und Funktionalität mittlerweile hinter denen der beiden wichtigsten Wettbewerber zurückstehen.

Frau Koch hat nach langer Diskussion gemeinsam mit den Bereichsleiter*innen beschlossen, dass RasenfitKOCH wieder, wie unter der Leitung ihres Vaters, eine Pionierrolle im Markt einnehmen will. Als Innovationsziel wurde festgelegt, in den nächsten zwei Jahren ein Produkt oder Geschäftsmodell auf den Markt zu bringen, das über digitale Funktionalitäten den höchsten Kundennutzen in der kompletten Rasenpflege-Branche ermöglicht.

Ein typischer *Produktlebenszyklus* ist in Abb. 2.4 dargestellt. Er wird auch als „betriebswirtschaftlicher Produktlebenszyklus" bezeichnet.[1] Er ermöglicht eine Gesamtbetrachtung eines Produkts. Mit ihm können folgende Fragen adressiert werden:

---

[1] Dies dient vor allem zur Abgrenzung zum „ökologischen Produktlebenszyklus", siehe dazu die Erläuterungen zu Nachhaltigkeit im Innovationsmanagement in Kap. 7.

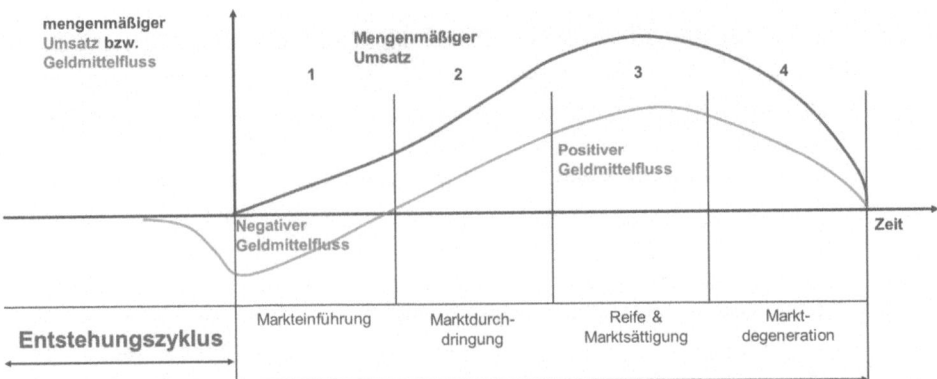

Abb. 2.4 Produktlebenszyklus (in Anlehnung an Ehrlenspiel et al. 2020; mit freundlicher Geneh-migung von © Springer-Verlag GmbH Deutschland, ein Teil von Springer Nature 2020. All Rights Reserved)

- Wo steht das eigene Produkt im Vergleich zu ähnlichen Produkten der Wettbewerber?
- Wo besteht eine Lücke in Bezug auf das bestehende Lösungsangebot für die Kundinnen und Kunden des Unternehmens?
- Ist die Herstellung des Produkts unter Berücksichtigung des Marktinteresses noch loh-nenswert?

Ein Produktlebenszyklus ist folgendermaßen aufgebaut: Auf der x-Achse ist die Zeit ab-gebildet. Auf der y-Achse ist dargestellt, wieviel Absatz generiert wurde (also: wieviel schon von dem Produkt verkauft wurde) und welcher Deckungsbeitrag erzielt wurde (vgl. Ehrlenspiel et al. 2020).

Links in der Abbildung ist die Entstehung der Produktidee dargestellt, danach beginnt der Lebenszyklus des Produkts. Es ist ein gewisser Aufwand (im Sinne von Zeit und Geld) nötig, um daraus ein fertiges Produkt bzw. eine Innovation zu entwickeln. Es wird also erst einmal ein negativer Deckungsbeitrag und kein Absatz erzielt. Schließlich geht man mit dem neuen Produkt an den Markt, abgebildet durch den Nullpunkt des Diagramms, in dem sich x-Achse und y-Achse treffen. Ab diesem Zeitpunkt wird etwas von dem neu entwi-ckelten Produkt verkauft, es wird ein erster Absatz erzielt. Die Kund*innen beginnen sich mit der neuen Lösung auseinanderzusetzen, wodurch das Interesse langsam steigt. An-schließend folgt die Einführungsphase des Produkts, der Absatz wächst langsam. In der Wachstumsphase findet ein starker Anstieg des Absatzes statt, ebenso in der Reifephase. Es folgt eine Sättigung, der maximale Absatz ist erreicht. Er sinkt nun langsam und dann immer schneller ab, das Produkt kommt in die sogenannte Degeneration. Danach wird es aus dem Markt genommen, also nicht mehr verkauft. Man spricht von der Elimination.

Außerdem wird deutlich, wie sich der Deckungsbeitrag entwickelt hat: Er war zunächst negativ, da ein Entwicklungsaufwand nötig war. In der Wachstumsphase wird der negative Betrag ausgeglichen und dann steigt der Deckungsbeitrag, um dann gegen Ende der Dege-nerationsphase wieder auf null zurückzugehen.

Das Konzept des *Technologielebenszyklus* wurde ursprünglich von Tom Sommerlatte und Jean-Philippe Deschamps (Unternehmensberatung Arthur D. Little) entwickelt und ist mittlerweile weit verbreitet (vgl. Sommerlatte und Deschamps 1986). Kernidee des Konzepts ist, dass Technologien über die Zeit einem typischen Verlauf unterliegen (vgl. Spath et al. 2011, S. 90 f.):

- Am Anfang ihrer Entwicklung befindet sich eine Technologie in der Entstehungsphase, sie wird dann als Schrittmachertechnologie bezeichnet. Es ist noch unklar, wie sich die technische Leistungsfähigkeit dieser neuen Technologie genau entwickeln wird. Ihre Einsatzgebiete sind noch nicht alle bekannt, es wird noch wenig in die Technologie investiert. Sie befindet sich bisher in einem Stadium, in dem sich die Wissenschaft stark mit ihr beschäftigt, es finden nur wenig Anwendungsentwicklungen in Industrieunternehmen statt. Steigt ein Unternehmen aber nun in diese Technologie ein, so kann es sich gut damit gegenüber dem Wettbewerb differenzieren. Gleichzeitig ist dies jedoch mit Unsicherheiten verbunden.
- In der Wachstumsphase wird klarer, wie die Technologie in der Praxis eingesetzt werden kann, auch ihre maximale Leistungsfähigkeit wird zunehmend deutlicher erkennbar. Entwicklungsarbeiten unterliegen einem stark anwendungsorientierten Fokus und die Leistung der Technologie erhöht sich drastisch. In dieser Phase befindliche Technologien werden als Schlüsseltechnologien bezeichnet. Unternehmen können solche Technologien weiterhin als Differenzierungsmerkmal und damit zur Steigerung des Wettbewerbspotenzials nutzen, da sie mitunter noch nicht sehr weit verbreitet sind.
- Anders sieht es in der Reifephase aus. Dort werden zunehmend Anwendungen für die Technologie erschlossen, ihre Leistung erhöht sich in dieser Phase nicht mehr stark. Dort befindliche Technologien werden auch als Basistechnologien bezeichnet, sie sind weit verbreitet in der Praxis. Ein Unternehmen kann sich daher durch ihre Nutzung nicht von den Wettbewerbern differenzieren.
- Schließlich erreicht eine Technologie nach einer gewissen Zeit die Altersphase. Sie wird nun von allen Wettbewerbern genutzt und es ist damit zu rechnen, dass sie von einer anderen neuen Technologie mit größerem Leistungspotenzial abgelöst wird.

Diese dargestellten Phasen finden sich in Abb. 2.5 wieder. Auf der x-Achse ist die Zeit abgebildet, auf der y-Achse die Leistung der Technologie. Zum Beispiel könnte man einen Elektromotor über dessen Leistung in PS bzw. kW beschreiben. Je weiter fortgeschritten dort die Entwicklung ist, desto höher ist dann die Einordnung auf der y-Achse. In anderen Darstellungen findet sich an dieser Stelle die sogenannte Erreichung des Wettbewerbspotenzials. Der Verlauf der Entwicklung folgt vereinfacht dem Verlauf des Buchstaben „S" und wird daher als S-Kurve bezeichnet.

Generell dient der Technologielebenszyklus als Orientierung und ist eine Verallgemeinerung von in der Praxis erkennbaren Entwicklungsverläufen. Er muss aber nicht für jede Technologie gelten und hat durchaus Schwächen. Hier eine Auswahl der Grenzen des Konzepts (vgl. Kreikebaum et al. 2011, S. 221 f.):

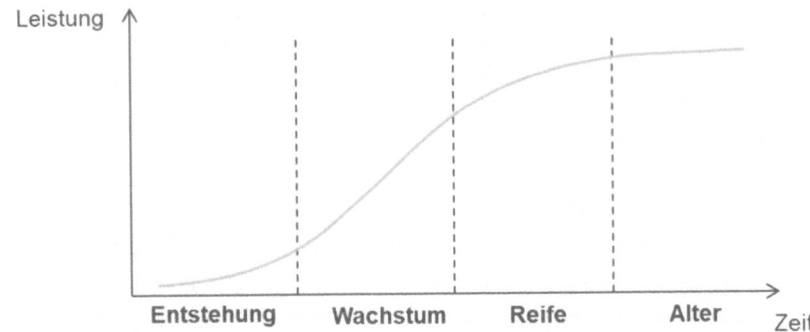

Abb. 2.5 Technologielebenszyklus (in Anlehnung an Sommerlatte und Deschamps 1986; mit freundlicher Genehmigung von © Betriebswirtschaftlicher Verlag Dr. Th. Gabler GmbH, Wiesbaden 1986. All Rights Reserved)

- Größen zur Einordnung in die S-Kurve sind schwer ermittelbar.
- Exakte Lebenszyklusverläufe können nur schwer ermittelt werden.
- Die Grenzen der einzelnen Phasen sind schwer zu ermitteln.
- Technologien müssen nicht unbedingt alle Phasen durchlaufen.
- Voraussagen auf Grundlage von typischen Verläufen sind unsicher.

Welchen Nutzen hat dann das Konzept des Technologielebenszyklus für die Praxis überhaupt? Zunächst kann es gut zur Systematisierung der Diskussion über im Unternehmen verwendete und auch neue Technologien genutzt werden. In der Diskussion zwischen verschiedenen Bereichen im Unternehmen wie Entwicklungsabteilung, Produktion, Marketing, Vertrieb und Geschäftsleitung kann dann besprochen werden, in welcher Phase sich eigentlich die in den Produkten des Unternehmens verwendeten Technologien befinden. Damit können Fragen adressiert werden wie:

- Welches Potenzial wird für die Leistung einer bestehenden Technologie noch erwartet?
- Wo stehen die Technologien der Wettbewerber?
- Welche Möglichkeiten könnte eine aktuell betrachtete neue Technologie bieten?

Für die Beantwortung dieser Fragen bietet das S-Kurven-Konzept eine gute gemeinsame Basis – zum Beispiel für eine Diskussion in einem Strategieworkshop. Damit können technische Detaildiskussionen von Entwickler*innen und generelle Marktbetrachtungen von Mitarbeitenden aus dem Vertrieb sozusagen kanalisiert und objektiviert werden.

Mittlerweile ist auch der sogenannte *Technology Readiness Level (TRL)* als Bewertungsmöglichkeit für den Reifegrad einer Technologie verbreitet. Er wurde ursprünglich von der amerikanischen Raumfahrtbehörde NASA entwickelt, um die Einsatzmöglichkeit neuer Technologien im Weltall einordnen zu können (vgl. Hirshorn und Jefferies 2016).

Auch die Europäische Union nutzt ihn, wenn sie Forschungsprogramme und Förder-
initiativen für Unternehmen ausschreibt und verwendet folgende Reifegrade (vgl. Europäische Kommission 2015):

TRL 1: Grundprinzipen der Technologie beobachtet
TRL 2: Technologiekonzept ist formuliert
TRL 3: Konzept experimentell nachgewiesen
TRL 4 – TRL 7: Validierung in verschiedenen Umgebungen
TRL 8: vollständiges und qualifiziertes System
TRL 9: voll in der Anwendung bewährte und einsatzfähige Technologie

Mittlerweile wenden ihn auch Unternehmen an, um intern und mit Partnern über Technologien und deren Reifegrade zu diskutieren.

Eine weitere einfache Möglichkeit, Technologien einzuordnen, ist das *Technologieportfolio* nach Pfeiffer (vgl. Pfeiffer et al. 1982). In einem Portfolio können Informationen
einfach dargestellt werden. Auf der x-Achse findet sich im Allgemeinen ein Sachverhalt,
den das Unternehmen selbst verändern kann, in diesem Fall Informationen über die ver-
fügbare technische Ressourcenstärke. Dort wird betrachtet, wie stark das Unternehmen in
Bezug auf die Beherrschung bzw. die Umsetzung der Technologie ist. Darunter verbergen
sich Aspekte wie der technische Beherrschungsgrad, die Reaktionsgeschwindigkeit in der
technischen Entwicklung (wie viel Personal man zum Beispiel hat, um auch schnell etwas
technisch umsetzen zu können), mögliche technische Potenziale (z. B. bei der Weiterentwicklung der Leistungsparameter in der Zukunft) oder vorhandene Patente/Lizenzen.

Die y-Achse dient zur Darstellung einer externen Einflussgröße, in diesem Fall der
Marktattraktivität. Darunter können Teilaspekte fallen wie die Anwendungsbreite der
Technologie, die Akzeptanz bei Nutzer*innen, die Kompatibilität der Technologie (also
die „Passung" zu bestehenden anderen Technologien) sowie das Weiterentwicklungspo-
tenzial in Bezug auf die Anwendung der Technologie.[2]

Die genaue Positionierung kann dabei qualitativ über erste Abschätzungen, z. B. nach
einer Diskussion mit Expert*innen, erfolgen. Sie kann aber auch auf Basis einer detaillier-
ten Datenbasis berechnet werden. Dazu sind Messgrößen für die betrachteten Kriterien zu
definieren.

Das Technologieportfolio bietet verschiedene Handlungsempfehlungen, die abhängig
sind von der Positionierung einer Technologie im Portfolio (siehe Abb. 2.6). Wie bei anderen Portfoliotypen auch, ist die bevorzugte Position rechts oben. Eine dort befindliche
Technologie ist sehr attraktiv und das Unternehmen beherrscht sie gut. Dann sollte es in
diese Technologie (weiter) investieren, die Technologie weiterentwickeln und zur Anwendung bringen. Eine Positionierung links unten bedeutet, dass man die Technologie nicht
weiterverfolgen sollte („desinvestieren"), da sie sowohl wenig attraktiv als auch sehr
schwer umzusetzen ist. Im mittleren Bereich dazwischen sollte man genau überlegen, wie

---

[2] Weitere Kriterien zur Technologiebewertung finden sich in Warschat (2015) ab S. 46.

Abb. 2.6 Technologieportfolio (in
Anlehnung an Gochermann 2020; mit
freundlicher Genehmigung von
© Springer Fachmedien Wiesbaden
GmbH, ein Teil von Springer Nature
2020. All Rights Reserved)

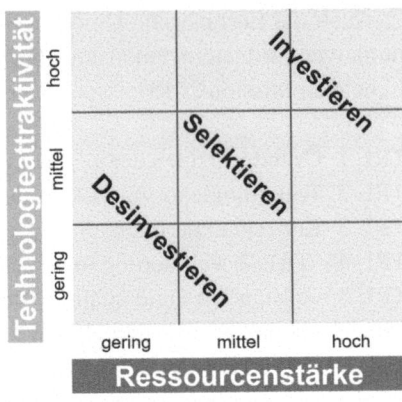

man weiter verfahren will. In diesem Bereich, dem Selektieren, finden sich viele Technologien in der Praxis wieder. Gerade für das Unternehmen neue Technologien mit großem
Potenzial starten erst einmal oben links im Portfolio. Wenn sie dann weiter beforscht bzw.
technisch weiterentwickelt werden, verbessert sich auch die Ressourcenstärke und die
Technologie wandert im Portfolio im Idealfall nach oben rechts.

Durch weitere Aktivitäten wie Marktanalysen, technische Machbarkeitsstudien oder
F&E-Projekte kann sich die Position der Technologie im Portfolio ändern. Man kann das
Portfolio auch nutzen, um mögliche Veränderungen durchzuspielen.

2.3 Zusammenfassung und Fazit

Sich mit möglichen Zukunftsentwicklungen auseinanderzusetzen ist eine zentrale Grundlage für Innovationsaktivitäten im Unternehmen. Der „Blick in die Zukunft" ist ein wichtiges Element für Strategieplanung und strategisches Innovationsmanagement. Zukunftsstudien, Megatrends und Technologiestudien bieten eine gute Möglichkeit, sich mit
Zukunftsthemen zu beschäftigen. Daraus können mögliche Chancen und Risiken für Innovationen und für das Unternehmen in der Gesamtheit abgeleitet werden. Unternehmen
sollten sich immer wieder damit beschäftigen, wie „ihre Zukunft" aussehen kann. Dazu
sollten Mitarbeitende im Unternehmen, aber auch Partner, Lieferanten und Kunden eingebunden werden.

Jedes Unternehmen sollte sich klare strategische Ziele setzen und eine Innovationsstrategie ausformulieren – sowie die wichtigsten Teile davon im Unternehmen kommunizieren. Sie bestimmt, in welchen Bereichen wann Innovationen realisiert werden sollen, um
die Unternehmensziele bestmöglich zu erreichen.

Zur Entwicklung einer Innovationsstrategie gibt es eine Vielzahl von Methoden wie
Umfeldanalyse, Benchmarking, SWOT-Analyse, Lebenszykluskonzepte, Technology
Readiness Level und Technologieportfolio. Diese Methoden dienen dazu, die Ausgangs-
lage und die verschiedenen Optionen besser zu verstehen, insbesondere in Bezug auf
Markt und Technologie. Die dargestellten Methoden können gut genutzt werden, um die

bestehende Situation zu analysieren, gerade im Hinblick auf technologiebedingte Einflussfaktoren. Auf dieser Basis können Handlungsempfehlungen für F&E- und Marktaktivitäten hergeleitet und Ressourcen im Unternehmen zugeteilt werden. Weiterhin können sie genutzt werden, um mögliche strategische Optionen zu bestimmen. Jedes Unternehmen muss für sich geeignete Ziele ableiten und Aktionspläne entwickeln.

Wiederholungs- und Verständnisfragen

- Wie kann man herausfinden wie die Zukunft aussehen könnte?
- Welche Kernfragen sollte man sich basierend auf entwickelten Zukunftsbildern stellen?
- Welche Trends in der Arbeitswelt verändern gerade die Art und Weise, wie in Unternehmen gearbeitet wird?
- Wie können neue Technologien im Unternehmen identifiziert, beobachtet und bewertet werden?
- Wie würden Sie eine Innovationsstrategie definieren? Teilgebiete/Teilstrategien sind dabei zu berücksichtigen.
- Welche strategischen Zielsetzungen verfolgt das Unternehmen, in dem Sie arbeiten, in Bezug auf Innovation?
- Welche unterschiedlichen Markteintrittsstrategien gibt es? Unter welchen Bedingungen kann welche der Strategien vorteilhaft sein?
- Welche drei Phasen müssen zur Entwicklung einer Innovationsstrategie durchlaufen werden?
- Welche Rolle spielen Führungskräfte bei der Entwicklung und Umsetzung einer Innovationsstrategie?
- Was ist eine Umfeldanalyse und wozu dient sie?
- Was versteht man unter einem Produkt-Benchmarking und wie kann diese Methode in der Praxis nutzen?
- Welche Kriterien werden bei einer SWOT-Analyse abgefragt?
- Was ist die Kernfrage bei der Betrachtung des Produktlebenszyklus?
- Wie bezeichnet man Technologien, die sich in der Entstehungsphase, in der Wachstumsphase oder in der Reife- bzw. Altersphase befinden?
- Wozu können Unternehmen den Technologielebenszyklus nutzen? Wie ist der Technologielebenszyklus aufgebaut?
- Was versteht man unter dem Technology Readiness Level?
- Welche Kriterien werden im Technologieportfolio nach Pfeiffer abgefragt? Wozu kann diese Methode genutzt werden?

2.4 Reflexion für die Praxis und Anwendung des Gelernten

Nutzen Sie die folgenden Fragen zur Reflexion und um einen Blick auf die (künftige) Anwendung des Gelernten aus Kap. 2 in der Unternehmenspraxis zu werfen.

1. Welche Veränderungen innerhalb und außerhalb Ihres Unternehmens gab es in letzter Zeit bzw. welchen Veränderungen sieht sich Ihr Unternehmen in naher Zukunft (2–3 Jahre) gegenüber?
2. Schätzen Sie die Veränderungen hinsichtlich der Logik des Wandels 1. Ordnung und des Wandels 2. Ordnung in Ihrem Unternehmen ein! Wie disruptiv ist der anstehende Wandel?
3. Inwiefern werfen Sie bisher in Ihrem Unternehmen einen „Blick in die Zukunft"? Wie (oder auch: wann, durch wen) werden bisher Megatrends, Technologietrends oder Zukunftsentwicklungen berücksichtigt?
4. Welche Markt- und Technologietrends könnten Einfluss auf die bestehenden Produkte/ Lösungen des Unternehmens, in dem Sie arbeiten, nehmen? Welche Chancen und Risiken könnten dadurch entstehen?
5. Welche der folgenden Methoden werden in Ihrem Unternehmen bereits eingesetzt? – Umfeldanalyse, Benchmarking, SWOT, Lebenszyklusbetrachtung für Technologien und Produkte, Technology Readiness Level, Portfolio-Ansätze, andere –
6. Was würden Sie sagen in Bezug auf die Inhalte des Kapitels „Strategische Orientierung/Problemidentifizierung":
   a. Welcher Handlungsbedarf besteht in Ihrem Unternehmen?
   b. Wer sollte hier federführend aktiv werden?
   c. Wer sollte noch miteinbezogen werden?

Zu Beginn dieses Buches (siehe Abschn. 1.5) haben Sie einen Projektsteckbrief für Ihr Innovationsprojekt erstellt und können ihn nun pro Kapitel aktualisieren. Es geht darum, dass Sie das Gelernte aus Kap. 2 auf Ihr Innovationsprojekt übertragen. Prüfen Sie, ob Sie Ihren Projektsteckbrief ergänzen oder detaillieren sollten. Betrachten Sie insbesondere die Rubriken „Inhalt und Ziel", „Motivation, Einbettung" und „Weitere Anmerkungen".

Nutzen Sie erneut das Quiz, das Sie zum Start des Kapitels ausgefüllt haben. Welche Fragen würden Sie nun anders beantworten? Überprüfen Sie Ihr Quiz abschließend anhand der Quiz-Lösungen.

Literatur

Christensen C (1997) The innovator's dilemma: the revolutionary book that will change the way you do business. HarperBusiness, New York
Christensen CM (2013) The innovator's dilemma. Warum etablierte Unternehmen den Wettbewerb um bahnbrechende Innovationen verlieren. Franz Vahlen GmbH (Business Essentials), München
Ehrlenspiel K, Kiewert A, Lindemann U, Mörtl M (2020) Kostengünstig Entwickeln und Konstruieren. Kostenmanagement bei der integrierten Produktentwicklung, 8. Aufl. Springer Vieweg, Berlin/Heidelberg
Europäische Kommission (2015) HORIZON 2020 – Work Programme 2014–2015. General Annexes. European Commission Decision C (2015)8621 of 4 December 2015. https://ec.europa.eu/research/participants/data/ref/h2020/wp/2014_2015/annexes/h2020-wp1415-annex-ga_en.pdf. Zugegriffen am 27.07.2022

Gasde J, Woidasky J, Moesslein J, Lang-Koetz C (2021) Plastics recycling with tracer-based-sorting: challenges of a potential radical technology. Sustainability 13(1):258. https://doi.org/10.3390/su13010258

Gochermann J (2020) Technologiemanagement. Technologien erkennen, bewerten und erfolgreich einsetzen. Springer Gabler (essentials), Wiesbaden/Heidelberg

Goffin K, Herstatt C, Mitchell R (2009) Innovationsmanagement. Strategien und effektive Umsetzung von Innovationsprozessen mit dem Pentathlon-Prinzip; [mit zahlreichen internationalen Fallstudien. 1. Aufl.]. Finanzbuch-Verl. (Financial times Deutschland Bibliothek), München

Häusling A, Kahl-Schatz M, Seidel T (2020) Das Pioneers TRAFO-Modell zur agilen Organisationsentwicklung. In: Häusling A (Hrsg) Agile Organisationen. Transformationen erfolgreich gestalten – Beispiele agiler Pioniere. 2, 2., überarb. Aufl. Haufe Group (Haufe Fachbuch), Freiburg/München/Stuttgart, S 47–94

Hirshorn S, Jefferies S (2016) Final report of the NASA TTechnology Readiness Assessment (TRA) study team. NASA. https://ntrs.nasa.gov/api/citations/20170005794/downloads/20170005794.pdf?attachment=true. Zugegriffen am 27.07.2022

Ilevbare IM, Probert D, Phaal R (2014) Towards risk-aware roadmapping: influencing factors and practical measures. Technovation 34(8):399–409. https://doi.org/10.1016/j.technovation.2014.05.006

Kreikebaum H, Gilbert DU, Behnam M (2011) Strategisches Management, 7., vollst. überarb. u. erw. Aufl. Kohlhammer, Stuttgart

Lang-Koetz C (2016) Neue Technologien als Befähiger für ressourceneffiziente Produkte und Dienstleistungen. In: Abele T (Hrsg) Die frühe Phase des Innovationsprozesses. Neue, praxiserprobte Methoden und Ansätze. Springer Gabler (FOM-Edition), Wiesbaden, S 51–73

Müller-Stewens G, Lechner C (2016) Strategisches Management. Wie strategische Initiativen zum Wandel führen, 5., überarb. Aufl. Schäffer-Poeschel, Stuttgart

Naisbitt J (1984) Megatrends : ten new directions transforming our lives, 2. Aufl. Macdonald & Co., London/Sydney

Pfeiffer W, Metze G, Schneider W, Amler R (1982) Technologie-Portfolio zum Management strategischer Zukunftgeschäftsfelder, 1. Aufl. Vandenhoeck & Ruprecht (Innovative Unternehmensführung, 7), Göttingen

Pleschak F, Sabisch H (1996) Innovationsmanagement. Schäffer-Poeschel, Stuttgart

Porter ME (2013) Wettbewerbsstrategie. Methoden zur Analyse von Branchen und Konkurrenten (Competitive strategy), 12., ak. und erw. Ausgabe. Aufl. Campus, Frankfurt am Main

Reymann F (2012) Verfahren zur Strategieentwicklung und -umsetzung auf Basis einer Retropolation von Zukunftsszenarien. Dissertation. Paderborn: HNI-Verlagsschriftenreihe, Universität Paderborn (307). https://digital.ub.uni-paderborn.de/hsx/content/titleinfo/631536. Zugegriffen am 13.11.2021

Schilling MA (2017) Strategic management of technological innovation, 5. Aufl. McGraw-Hill Education, New York

Schimpf S, Lang-Koetz C (2010) Technologiemonitoring. Technologien identifizieren, beobachten und bewerten. Fraunhofer-Verl, Stuttgart. http://publica.fraunhofer.de/dokumente/N-146352.html. Zugegriffen am 13.01.2023

Sommerlatte T, Deschamps J-P (1986) Der strategische Einsatz von Technologien. In: Management im Zeitalter der Strategischen Führung, 2. Aufl. Gabler, Wiesbaden, S 37–76

Spath D, Linder C, Seidenstricker S (2011) Technologiemanagement. Grundlage, Konzepte, Methoden. Fraunhofer, Stuttgart

Staehle WH (2014) Management. Eine verhaltenswissenschaftliche Perspektive, 8., überarb. Aufl. Vahlen (EBL-Schweitzer), München

Thom N (1980) Grundlagen des betrieblichen Innovationsmanagements, 2. Aufl. Hanstein, Königstein/Ts

Tidd J, Bessant J (2021) Managing innovation. Integrating technological, market and organizational change, 7. Aufl. Wiley, Hoboken

Vahs D, Brem A (2015) Innovationsmanagement. Von der Idee zur erfolgreichen Vermarktung, 5., überarb. Aufl. Schäffer-Poeschel, Stuttgart

Warschat J (Hrsg) (2015) Technologien frühzeitig erkennen, Nutzenpotenziale systematisch bewerten. Methoden, Organisation, semantische Werkzeuge zur Informationsgewinnung und -speicherung; Ergebnisse des Verbundforschungsprojektes syncTech – synchronisierte Technologieadaption als Treiber der strategischen Produktinnovation. Fraunhofer-Institut für Arbeitswirtschaft und Organisation. Fraunhofer, Stuttgart. https://publica.fraunhofer.de/handle/publica/297285. Zugegriffen am 01.08.2022

Ideengewinnung

3

In der Ideenphase werden Ideen als Grundlage für mögliche Innnovationen gewonnen. Dazu werden Ideen über Informationsquellen innerhalb und außerhalb des Unternehmens gesammelt und mit Hilfe von Kreativität und zu ihrer Anregung geeigneter Methoden generiert.

Lernziele für dieses Kapitel: Die Leserinnen und Leser …

- kennen die wesentlichen Auslöser für Innovationen,
- wissen, welche zentrale Rolle das Verständnis der Bedürfnisse des Kunden und der Probleme von Kund*innen/Nutzer*innen spielt,
- können eigene Produkte mit denen des Wettbewerbs bezüglich des Preis-Nutzen-Verhältnisses analysieren und einordnen,
- wissen, wie und wo man Ideen im eigenen Unternehmen sammeln kann,
- verstehen, wie ein kreativer Prozess abläuft und welche Elemente kreativitätsfördernd wirken,
- können die vorgestellten Kreativitätstechniken beschreiben und können sie in der Praxis anwenden,
- kennen die Konzepte Design Thinking und Open Innovation und deren Relevanz für das Innovationsmanagement.

Nutzen Sie für dieses Kapitel das Lerntagebuch – http://www.hs-pforzheim.de/IMBuch.

Beantworten Sie die Fragen des Quiz zum Kapitel. Die Überprüfung findet erst am Ende des Kapitels statt.

In Abb. 3.1 finden Sie das Gesamtbild „Ambidextres Innovationsmanagements in KMU". Das Kap. 3 ist hier in der zweiten Phase des Innovationsprozesses zu verorten.

© Der/die Autor(en) 2023
C. Lang-Koetz et al., *Ambidextres Innovationsmanagement in KMU*,
https://doi.org/10.1007/978-3-662-66458-2_3

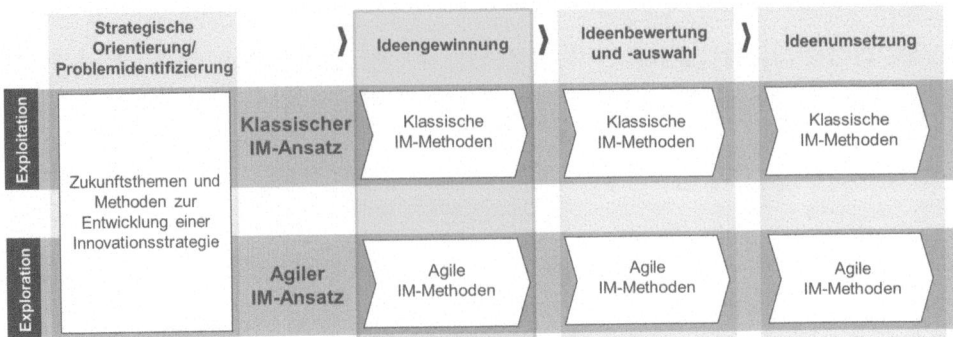

Abb. 3.1 Gesamtbild „Ambidextres Innovationsmanagement in KMU" – Verortung des Kap. 3 (entwickelt im Forschungsprojekt InnoDiZ; Phasenmodell aufbauend auf Pleschak und Sabisch 1996; Thom 1980; Vahs und Brem 2015)

3.1 Innovationsanstoß und Ideengewinnung: Grundlagen

Auslöser für Innovationen – Wie entstehen überhaupt Innovationen?
Viele Unternehmen sind sehr erfolgreich in ihrem Geschäft. Mit bestehenden Produkten und Lösungen können sie die Kundennachfrage gut bedienen und bekommen positives Feedback aus dem Markt. Warum muss es dann überhaupt Innovationen geben und was löst deren Entwicklung aus?

Die Bedürfnisse von Nutzer*innen und Kund*innen stehen natürlich im Mittelpunkt des Geschehens des Innovationsmanagements. Wenn es im Markt einen Bedarf gibt, der noch nicht durch Produkte und Lösungen gedeckt ist, entsteht der sogenannte Bedürfnis-Pull: Er wird im Idealfall von einem Unternehmen erkannt, dass dann eine Innovationsentwicklung startet (vgl. Tidd und Bessant 2021).

Wie kann man nun Bedürfnisse von Menschen systematisieren? Abraham Maslow hat dazu verschiedene Ebenen in der sogenannten Bedürfnispyramide dargestellt. Er geht davon aus, dass ein Mensch erst die unten in der Pyramide stehenden Bedürfnisse erfüllen muss (z. B. Schlaf, Essen, ein Dach über dem Kopf). Erst danach hat der Mensch weitere Bedürfnisse, z. B. nach Sicherheit, sozialer Interaktion oder eben auch Bedürfnisse für sich als Individuum oder um sich selbst zu verwirklichen. Demnach gibt es folgende Bedürfnisse (vgl. Maslow 2021, S. 62–74):

- Physiologische Bedürfnisse
- Sicherheitsbedürfnisse
- Soziale Bedürfnisse
- Individualbedürfnisse
- Selbstverwirklichung

Diesen Zusammenhang hat Maslow zwar nicht wissenschaftlich nachgewiesen. Jedoch wurde der Grundgedanke in weiteren Modellen aufgegriffen und aktualisiert (vgl. Alderfer 1972; Deci und Ryan 2008, S. 182–185). So kann diese Liste also durchaus genutzt werden, um den möglichen Bedarf nach einem neuen Produkt, einer Dienstleistung oder einer irgendwie gearteten Lösung für Nutzer*innen und Kund*innen zu systematisieren. Dazu müssen die sicherlich etwas abstrakten Ebenen der Bedürfnispyramide konkretisiert werden. So gibt es z. B. ein menschliches Individualbedürfnis nach Mobilität. Wie dies jedoch konkret aussieht, muss dann im Detail ermittelt werden. Auch muss die Frage, wie dieses Bedürfnis schon durch bestehende Lösungen abgedeckt wird und welchen Bedarf es an etwas Neuem gibt, für den jeweiligen Anwendungskontext beantwortet werden.

Auf der anderen Seite ermöglichen neue Technologien neuartige Funktionen oder komplette Produkte. Das Know-how zu neuen Technologien dient hier als Befähiger. Man nennt dies „Wissens-Push", denn Wissen ermöglicht die Umsetzung neuer Produktfunktionen oder vollständig neuartiger Lösungen durch Erkenntnisse aus Forschung und Wissenschaft. Innovationen, die durch Wissens-Push ermöglicht wurden sind z. B. Radar, Antibiotika, Mikrowellenofen, synthetisches Gummi, Mobiltelefon, medizinische Scanner (vgl. Tidd und Bessant 2021).

Es existieren aber noch viele andere Auslöser für Innovationen! Manchmal gibt es den „Archimedes-Moment" und jemand kommt plötzlich auf eine tolle Idee, sozusagen in Form eines Geistesblitzes. Dies ging angeblich Archimedes so, als er das Grundprinzip des Auftriebs, später als „Archimedisches Prinzip" bezeichnet, entdeckt hat und dann „Heureka" rief (vgl. Kluge und Seebold 2012). Dies passiert aber in der Praxis nur selten. Im Nachhinein werden erfolgreiche Innovationen oft als Einfälle genialer Personen dargestellt. Meist sind zugrundeliegende Innovationsideen jedoch aus Einfällen und Inhalten zusammengeführt, hinterfragt, verändert und angepasst worden.

Die folgende Liste stellt mögliche Auslöser für Innovationen umfangreich dar (vgl. Tidd und Bessant 2021, S. 191):

- Beobachten von Anderen: Innovation aus Nachahmung oder Erweiterung von dem, was andere tun
- Übertragen von Ideen und Anwendungen von einer Welt in eine andere
- Inspiration: der Moment des Archimedes
- Erkunden alternativer „Zukünfte", um andersartige Möglichkeiten aufzuzeigen
- Wissens-Push: neue Möglichkeiten schaffen durch Entdeckung aus der Wissenschaft
- Nutzer*innen als Innovator*innen
- Werbung: aufdecken und verstärken latenter/noch schlummernder/verborgener Bedürfnisse
- Bedürfnis-Pull: Bedarf als „Mutter von Ideen und Innovationen"
- Design-getriebene Innovation
- Regulierungen: veränderte Spielregeln bringen Innovationen in neue Richtungen
- Schock-Ereignisse, die die Welt verändern und uns dazu zwingen, in neue Richtungen zu gehen

Umfragen, aber auch Gespräche mit Praktiker*innen zeigen immer wieder, dass einer der wichtigsten Auslöser für Innovationen oft Informationen von bzw. Austausch mit Kund*innen und Nutzer*innen ist (siehe z. B. Astor et al. 2016). Daher werden wir uns im Folgenden genauer mit Nutzer*innen beschäftigen.

Nutzer*innen und deren Bedürfnisse

Nutzer*innen sind meist, aber nicht immer, auch die Kund*innen und entscheiden daher, ob ein Produkt oder eine Lösung gekauft wird.[1] Aus ihren Bedürfnissen lassen sich konkrete Bedarfe und daraus dann nötige Funktionen ableiten.

Aus Bedürfnissen Funktionen ableiten: Beispiel Rasenmäher

Betrachten wir als Beispiel einen Rasenmäher als technische Einrichtung, die dazu dient, Rasen zu schneiden. Ein elektrisch oder durch Benzin angetriebener Motor bewegt dazu Messer, die in einer schnellen Rotationsbewegung Grashalme schneiden.

Warum benötigt nun jemand einen Rasenmäher? Man könnte sagen, das ist dem Bedürfnis geschuldet, einen Rasen zu pflegen. Betrachten wir dies etwas genauer, so gibt es je nach Nutzer*in unterschiedliche Anforderungen an solch ein Gerät:

Funktionelle Anforderungen könnten z. B. sein: sauberer Rasenschnitt, geringe Lautstärke, niedriger Energieverbrauch, geringes Risiko beim Rasenmähen über Steine zu fahren. Ein ansprechendes Design ist sicherlich auch für viele Nutzer*innen wichtig. Weiterhin können emotionale Anforderungen bestehen wie die Erwartung einer hohen Zufriedenheit nach Beendigung des Rasenmähens.

Aus diesen Anforderungen müssen nun technische Funktionen abgeleitet werden, die anschließend im Produkt durch einzelne Komponenten umgesetzt werden. So könnten Teile der funktionellen Anforderungen durch ein optimiertes Schneidemesser und einen effizienten Elektromotor umgesetzt werden. Das Erreichen eines „guten Gefühls" nach dem Rasenmähen ist vielleicht nicht mehr ganz so einfach durch Technik umzusetzen.

Wichtig ist dabei zu wissen, dass es den meisten Nutzer*innen im Endeffekt weitgehend egal ist, welche Technik im Produkt eingesetzt wird, solange die gesetzten Anforderungen erfüllt sind.

Die Herausforderung im Innovationsmanagement besteht nun darin, Bedürfnisse von Nutzer*innen und daraus Anforderungen an ein Produkt genau zu ermitteln und zu verstehen.

Zur Ermittlung der Bedarfe von Nutzer*innen können Methoden der Marktforschung genutzt werden, wie z. B. Befragungen über Interviews möglicher Nutzer*innen und

---

[1] Beispiele für Produkte, in denen Nutzer*innen und Kund*innen unterschiedliche Personen sind, sind Kinderspielzeuge, Werkzeuge in Produktionsbetrieben, Medizinprodukte.

anderer Stakeholder, der Durchführung von Fokusgruppen oder Online-Befragungen (vgl. Homburg 2017, S. 567).

Fragt man Nutzer*innen, welche Wünsche sie an ein zukünftiges Produkt haben, so verbleiben sie in ihrem Denken oft nahe am Vorhandenen (siehe z. B. Christensen 2013). Sie wünschen sich ein Produkt mit mehr Leistung, der ein oder anderen Funktion mehr, oder einem besseren Design als die bestehende Lösung. Das sind natürlich wichtige Informationen, um das bestehende Produkt zu verbessern. Bei der Suche nach vollständig neuen Ansätzen hilft das jedoch nicht. Wer hätte vor der Erscheinung von Smartphones gedacht, dass mobile Geräte solch ein zentraler Teil unseres Alltags sein und uns überallhin begleiten würden? Das war für viele so nicht vorhersehbar.

Die Frage ist nun, wie der Bedarf für neuartige Lösungen identifiziert und Innovationsideen ermittelt werden können. Dazu ist es nötig, Nutzer*innen nicht nur zu befragen, sondern sich intensiv mit ihnen auseinanderzusetzen.

Zur Ermittlung von Ideen können Methoden wie Lead User-Workshops (vgl. Hippel 1986), Living Labs (vgl. Hossain et al. 2019), Social Media (vgl. Bhimani et al. 2019), Online-Ideenwettbewerbe (Crowdsourcing, siehe Schweitzer et al. 2012) oder auch die maschinelle Analyse großer Datenmengen in Internetforen oder von Kundendaten (Data Mining, siehe z. B. Christensen et al. 2017) unterstützen.

Zentral ist, sich damit auseinanderzusetzen, was Nutzer*innen in ihrem Alltag umtreibt, welche Probleme und Wünsche sie haben und wie sie von Innovationen unterstützt werden können. Dazu sollte man herausfinden, welche Tätigkeiten sie zu erledigen haben. Dazu kann man das *Konzept „Jobs to be done"* nutzen (vgl. Christensen et al. 2016). Der Job ist dabei eine Beschreibung dafür, was eine Person in einer bestimmten Situation erreichen will. Daraus kann dann ermittelt werden, auf welche Weise dieser Job anders (besser, einfacher, mit weniger Kosten, mit mehr Freude etc.) erledigt werden kann.

Eine weitere gute Möglichkeit, sich intensiv mit den Nutzer*innen und ihren Bedürfnissen auseinanderzusetzen ist das Konzept des Design Thinking, das weiter unten (siehe Abschn. 3.4) beschrieben wird.

Wie kann nun der Bedarf für Innovationen in einem bestehenden Produktportfolio ermittelt werden? Hier macht es Sinn, die *Positionierung der eigenen Produkte* und die der Wettbewerber genauer zu betrachten.

Ein strukturierter Ansatz dazu ist die Betrachtung des Preis-Nutzen-Verhältnisses in einer Situations- und Problemanalyse (vgl. Vahs und Brem 2015, S. 250). Man betrachtet dort das Verhältnis zwischen Kundennutzen und Preis. Der Preis eines Produkts ist relativ schnell ermittelt, aber wie kann man den Kundennutzen in einer Zahl ausdrücken? Dazu sollten die aus Sicht des Kunden relevanten Größen betrachtet und in einer einzigen Zahl verrechnet werden. Liegt diese vor, so kann man das Verhältnis zwischen Kundennutzen und Preis des betrachteten eigenen Produkts und das der Wettbewerbsprodukte berechnen (vgl. Vahs und Brem 2015, 252 f.).

Wir können davon ausgehen, dass Kund*innen bereit sind, für mehr Kundennutzen auch mehr Geld zu zahlen. Man kann nun Produkte des eigenen Unternehmens und der Wettbewerber in einem Diagramm eintragen (mit dem Nutzen auf der x-Achse und dem

Preis auf der y-Achse). So kann die Positionierung der Produkte im Markt genauer visualisiert und die relative Wettbewerbsposition genauer betrachtet werden. Daraus können Handlungsempfehlungen abgeleitet werden wie z. B. die Ermittlung von Möglichkeiten, den Kundennutzen durch zusätzliche Produktfunktionen zu erhöhen. Insofern stellt diese Betrachtung eine Möglichkeit dar, Innovationsideen zu identifizieren.

Beispiel: Preis-Nutzen-Verhältnis für einen Rasenmäher
Nehmen wir an, dass der Kundennutzen eines elektrischen Rasenmähers definiert ist durch Schnittqualität, Lautstärke, Stromverbrauch und Design. Diese Aspekte können einzeln in einer Punktebewertung ausgedrückt werden (z. B. auf einer Skala von 1 für „unzureichend" bis 5 für „sehr gut"). Daraus kann (ggf. unter Berücksichtigung einer Gewichtung) eine einzige Zahl als Kundennutzen errechnet werden.

Das eigene Produkt erzielt nun einen Kundennutzen von 4,5 Punkten bei einem Preis von 225 EUR. Dies ergibt ein Verhältnis von 50 Euro pro Punkt. Wettbewerbsprodukt 1 erreicht 4 Punkte bei einem Preis von 230 EUR, Wettbewerbsprodukt 2 jedoch 4,5 Punkte zu einem Preis von 200 EUR. Im Vergleich steht das eigene Produkt zwar besser da als Wettbewerbsprodukt 1, aber schlechter als Wettbewerbsprodukt 2. Es sollte überlegt werden, inwiefern der Preis reduziert oder der Nutzen des eigenen Produkts (zum gleichen Preis) erhöht werden kann.

Ideengewinnung = Ideensammlung + Ideengenerierung
Nehmen wir an, ein Problem ist nun gefunden, das einen Bedarf für ein neues Produkt oder eine neue Lösung darstellt. Nun stellt sich die Frage, wie dieses Problem konkret adressiert werden kann, z. B. durch eine technische Lösung oder ein neuartiges Geschäftsmodell. Dazu müssen Ideen gewonnen werden, also konkrete Lösungsvorschläge für das konkrete Problem.

Ideengewinnung kann auf zwei Wegen erfolgen (vgl. Vahs und Brem 2015, S. 232):

- In der *Ideengenerierung* werden Ideen neu entwickelt und somit etwas gänzlich Neues identifiziert oder erfunden. Geeignete Methoden dazu werden weiter unten beschrieben.
- In der *Ideensammlung* werden vorhandene Informationsquellen innerhalb und außerhalb des Unternehmens untersucht, um so mögliche Ideen zur Lösung des Problems zu finden (Vahs und Brem 2015, S. 232) – eine in der Praxis oft unterschätzte Vorgehensweise. Mögliche Informationsquellen sind in Tab. 3.1 dargestellt.

Zur leichten Bearbeitung der Ideen sollten diese in geeigneter Form erfasst und gespeichert werden. Dies ist eine wichtige Grundlage für ein strukturiertes Innovationsmanagement. Dazu kann auch gesonderte Ideenmanagement-Software genutzt werden, oft reicht aber schon eine zentral abgelegte strukturierte Liste in einer gesonderten Datei.

Tab. 3.1 Beispiele für geeignete Informationsquellen für die Ideensammlung

interne Informationsquellen	externe Informationsquellen
Interne Auswertungen und Berichte (z. B. Wettbewerbsanalysen, White Papers, …)	Veröffentlichungen und Statistiken von öffentlichen Stellen und Verbänden
Interne Datenbanken (z. B. Technologiedatenbank, Mängeldatenbank, …)	Veröffentlichungen von wissenschaftlichen Instituten oder Beratungen
Einschätzung von Expert*innen (Technologie, Entwicklung, Produktmanagement, Vertrieb, Patente, Service, Qualitätsmanagement, …)	Veröffentlichungen von Unternehmen (Prospekte, Kataloge, Vorträge, Fachartikel)
	Patentoffenlegungen, Patente, Gebrauchsmuster
	Fachzeitschriften, Fachbücher, Fachportale im Internet/Internet allgemein
	Gespräche mit Kunden, Lieferanten oder Fachexpert*innen, Messebesuche

3.2 Kreativität als zentrales Element von Innovationsmanagement

Nun stellt sich die Frage, wie überhaupt eine neue Idee entsteht und welche Rolle die Kreativität in diesem Prozess einnimmt. Eine *Idee* ist das Ergebnis menschlicher Kreativität. Sie kann von einer einzelnen Person stammen oder in der Diskussion zwischen mehreren Menschen entstehen.

Wie funktioniert *Kreativität*? Grundsätzlich kann jeder Mensch kreativ sein, denn Kreativität kann erlernt und systematisiert angegangen werden (vgl. Siemens AG 1985, S. 280 f.). Die Basis von Kreativität sind kognitive Fähigkeiten und die Fähigkeit bisherige Muster, Prozesse, Materialien etc. neu miteinander zu verknüpfen, um innovative Ideen zu generieren. Assoziationsvermögen spielt hier eine wichtige Rolle (vgl. Hauschildt et al. 2016, S. 347).

Die Suche nach Problemlösungen verläuft meist iterativ mit vielen Schleifen, um neue „Zweck-Mittel-Kombinationen" zu erhalten. Dieser Prozess lässt sich jedoch nicht vollkommen strukturiert gestalten. Zur Lösung von Problemen muss man oft ausprobieren, analysieren, hinterfragen, ordnen und neu lernen (vgl. Vahs und Brem 2015, S. 283).

Welche *Faktoren* sind allgemein wichtig, *um Kreativität im Unternehmen zu ermöglichen*? Generell sollte man dazu drei Komponenten betrachten (vgl. Amabile 1998):

- Es wird Expertise benötigt, im technischen Bereich, aber auch in Bezug auf Markt- und Kundenverständnis sowie zu Prozessen und organisatorischen Abläufen.
- Die beteiligten Personen sollten über kreatives Denkvermögen verfügen, also die Fähigkeit etwas aufgeschlossen und mit Fantasie anzugehen.
- Weiterhin ist eine hohe Motivation hilfreich. Dabei kann es sich um extrinsische Motivation handeln (veranlasst durch Geld, Prestige oder die Positionierung für die weitere

Karriere) oder intrinsische Motivation (getrieben durch eigenständiges Interesse am Thema, Spaß und Lernbereitschaft) oder auch soziale Motivation (durch Teamgeist und das Gefühl, ein „Teil des Teams" zu sein).

Weiterhin wichtig sind Zeit und Ressourcen für die involvierten Mitarbeitenden und eine innovationsförderliche Unternehmenskultur. Solch eine offene Kultur mit Wertschätzung gegenüber neuen und vielleicht noch nicht ausgereiften Ideen hat eine zentrale Bedeutung, um Kreativität zu fördern (vgl. Amabile 1998).

Gerade Ideen von außerhalb einer Organisation oder auch einer Abteilung werden häufig negativ gesehen. Dieser erste Widerstand wird auch als *„Not-Invented-Here"-Syndrom* bezeichnet. Existierendes Wissen außerhalb des Unternehmens wird nicht beachtet oder abgelehnt und der Innovationsprozess durch den Glauben ein Wissensmonopol zu besitzen ausschließlich intern durchgeführt (vgl. Katz und Allen 1982, S. 7). Der reine Fokus auf interne Erfahrungen und Fähigkeiten hemmt jedoch oft Innovationen, weshalb es sich lohnt Grenzen zu überwinden und externes Wissen in den Innovationsprozess zu integrieren (vgl. Hauschildt et al. 2016, S. 52).

Wie sieht nun ein kreativer Prozess aus? Ausgehend von einem Problem werden typischerweise drei Phasen durchlaufen (vgl. Siemens AG 1985, S. 280):

- In der logischen Phase werden zuerst das Problem spezifiziert, Suchfelder abgesteckt und Informationen sowie mögliche Lösungsansätze gesammelt.
- Daraufhin wird in der intuitiven Phase das Problem erweitert und in das Unterbewusstsein verlagert. Lösungsideen werden generiert.
- Diese Ansätze zur Problemlösung werden in der abschließenden kritischen Phase verifiziert und bewertet.

Am Ende steht eine Auswahl attraktiver Ideen zur weiteren Bearbeitung. Die als nicht verwendbar bewerteten Ideen können ggf. angepasst und weiterentwickelt und dann noch einmal bewertet werden (vgl. Siemens AG 1985, S. 280).

3.3   Klassische Methoden (Kreativitätstechniken)

Mit Hilfe von *Kreativitätstechniken* kann man gezielter nach Problemlösungen suchen. Dabei werden z. B. bewusst Elemente einer bestehenden Lösung variiert, Ideen aus anderen Fachgebieten oder Branchen auf das eigene Thema übertragen oder generell das Problem aus einer veränderten Perspektive betrachtet (vgl. Schlicksupp 1988).

Es gibt mittlerweile eine große Anzahl von Kreativitätstechniken, ein umfangreicher Methodenkatalog dazu findet sich zum Beispiel in „Das große Handbuch Innovation" (vgl. van Aerssen et al. 2018, S. 76 ff.). Im Folgenden werden einige geeignete Methoden vorgestellt, die sich gut zur Generierung von Ideen eignen, ohne dabei großen Vorbereitungsaufwand betreiben zu müssen.

In einem *Brainstorming-Meeting* werden in einer moderierten Diskussion Ideen zusammengetragen. Dazu trifft sich eine Gruppe von Personen, die nicht aus mehr als 5–8 Teilnehmer*innen bestehen sollte. Förderlich ist es, Teilnehmende aus unterschiedlichen Fachgebieten und damit verschiedenen Perspektiven und Blickwinkeln zu vereinen. Hier dürfen und sollen Querdenkende, kreative Köpfe, erfahrene und neu dazu gestoßene Mitarbeitende aufeinandertreffen (vgl. Siemens AG 1985, S. 288 ff.; Schlicksupp 1977, S. 75 ff.; van Aerssen et al. 2018, S. 170 f.).

Der Ablauf gliedert sich in drei Phasen. In der ersten Phase, der Vorbereitung, wird das Problem definiert und die Regeln erläutert. Im Idealfall werden die Teilnehmenden im Voraus bereits per Email oder besser noch in einem persönlichen Gespräch informiert. Das hat den Vorteil, dass sich die Teilnehmenden schon Gedanken machen und mit dem Problem beschäftigen können. In der Hauptphase kommen sie dann persönlich zusammen und erzeugen mit Hilfe eines Moderators oder einer Moderatorin Ideen und Lösungsvorschläge, die dann strukturiert protokolliert werden. Ziel ist es hierbei möglichst viele Ideen zu generieren, es gilt: Quantität vor Qualität. Abschließend dient die Nachphase zur Diskussion, Bewertung und Weiterentwicklung der gesammelten Ideen und Vorschläge. Als Hilfsmittel können Flipcharts, Tafeln, Metaplankarten oder eine Software zur Erstellung von Mindmaps den Prozess unterstützen. Zwar sind physische Meetings zu bevorzugen, mittlerweile haben sich aber auch virtuell durchgeführte Brainstorming-Meetings etabliert. Folgende Prinzipien/Regeln sollten dabei beachtet werden (vgl. van Aerssen et al. 2018, S. 170 f.):

- Es muss eine klare Trennung der Ideengenerierung und -bewertung erfolgen.
- Es darf keine Kritik oder Beurteilung von Vorschlägen während der Ideengenerierung erfolgen: die Fantasie darf keine Grenzen kennen und auch außergewöhnliche Ideen müssen „Raum zum Wachsen" bekommen.
- Ideen anderer Teilnehmenden sollen aufgegriffen und weiterentwickelt werden.

Der Moderator bzw. die Moderatorin hat die Aufgabe, diese Regeln zu kommunizieren und auf deren Einhaltung zu achten.

Beim *Brainwriting*, auch bekannt als 6-3-5 Methode, bekommen idealerweise sechs Teilnehmende ein Formular mit sechs Zeilen und drei Spalten, in welche jede Person drei Ideen innerhalb von fünf Minuten in die Zeile eines Formulars einträgt (vgl. Siemens AG 1985, S. 292 ff.; van Aerssen et al. 2018, S. 74 f.). Anschließend rotieren die Zettel und jede teilnehmende Person hat wieder drei Minuten Zeit Ideen einzutragen (in die nächste Zeile). Hier können ganz neue Ideen generiert oder die bereits aufgelisteten Ideen berücksichtigt werden. Dies wird wiederholt bis schließlich alle sechs Zeilen mit Ideen befüllt sind. Abschließend werden die Ideen ausgewertet und gemeinsam diskutiert.

Bei der *Analogien-Methode* werden bewusst neue Verbindungen zur Ideengenerierung erzwungen. Die Inspiration liefern dafür beispielsweise Gegenstände aus dem Alltag, welche aus komplett anderen Bereichen stammen (vgl. van Aerssen et al. 2018, S. 76 ff.). Zuerst werden Attribute dieses Gegenstandes definiert und anschließend Parallelen zum eigenen Produkt geschaffen. So werden Verbindungen zwischen verschiedenen Welten erzwungen, wodurch komplett neue kreative Ideen entstehen können. Diese Methode wird hauptsächlich in der Produktentwicklung eingesetzt, kann jedoch auch in anderen Bereichen Anwendung finden.

Die *Fluchtmethode* fördert das laterale Denken und den Perspektivenwechsel zur Generierung von Ideen. Es geht um die Flucht vor alltäglichen Gewohnheiten und festgesetzten Denkmustern. Ziel ist es, bewusst aus gewohnten Paradigmen auszubrechen und einen neuen Blickwinkel einzunehmen (vgl. van Aerssen et al. 2018, S. 76 ff.).

Dies gelingt in drei Schritten:

1. Schritt: Analyse der Ausgangssituation
2. Schritt: Beschreiben des Gegenteils (symbolisiert die Flucht)
3. Schritt: Generierung von Alternativen und neuen Ideen

Übung 3.1: Ideengenerierung und Kreativitätstechniken

Nun geht es darum die verschiedenen Kreativitätstechniken einzusetzen. In dieser Übung wird es Ihre Aufgabe sein, Ideen für neue oder verbesserte Produkte für die RasenfitKOCH zu generieren.

- Wählen Sie eine der Kreativitätstechniken aus, die Sie durchführen möchten, um Ideen für die RasenfitKOCH zu generieren. Beachten Sie, dass sich die Methoden Brainstorming-Meeting und 6-3-5-Methode nur zur Durchführung in Teams mit mehreren Personen eignen. Die Fluchtmethode und Analogien-Methode können Sie auch alleine durchführen.
- Nehmen Sie sich 15–20 Minuten Zeit, um mithilfe der von Ihnen ausgewählten Kreativitätstechnik Ideen für die RasenfitKOCH zu generieren.
- Nehmen Sie sich anschließend 10 Minuten Zeit, um die Ideen in der Gruppe zu diskutieren.
- Nun haben Sie 10 Minuten Zeit, um eine erste Bewertung der Ideen vorzunehmen, indem Sie durch Vergeben von Klebepunkten oder Strichen (mit Stiften) eine Stimmabgabe vornehmen.

Unter http://www.hs-pforzheim.de/IMBuch finden Sie weitere Informationen sowie Vorlagen zur Dokumentation Ihrer Ergebnisse. ◀

Die *6-Hüte-Methode* unterstützt dabei ein Thema umfassend und aus verschiedenen Blickwinkeln zu beleuchten (vgl. van Aerssen et al. 2018, S. 76 ff.; de Bono 1992).

Sechs Teilnehmende nehmen dabei unterschiedliche Rollen mit unterschiedlichen Denkmustern ein. Sie bekommen eine Hutfarbe zugeteilt, die ihre Rolle symbolisiert. Vor der Diskussion machen sich alle Teilnehmenden mit ihrer Rolle vertraut. Sie setzen ihren imaginären Hut auf und vertreten folglich die Ansicht gemäß ihrer Rolle. Über einen Moderator bzw. eine Moderatorin wird die Diskussion geleitet und Ideen schriftlich festgehal-

Abb. 3.2 6-Hüte-Methode (in Anlehnung an de Bono 1992)

Parameter	Varianten		
P1: Gehäuse	V1.1: Stahl	V1.2: Aluminium	V1.3: Kunststoff
P2: Motortyp	V2.1: Akku	V2.2: Benzin	V2.3: Elektro
P3: Volumen Fangkorb	V3.1: 44 l	V3.2: 60 l	V3.3: 70 l
P4: Farbe	V4.1: Schwarz	V4.2: Grün	V4.3: Rot

Abb. 3.3 Beispiel morphologischer Kasten: Rasenmäher

ten. Auch bereits gesammelte Ideen können dadurch nochmals von mehreren Seiten kritisch betrachtet werden. Die verschiedenen Rollen sind in Abb. 3.2 dargestellt und ermöglichen einen offenen Austausch.

Der *morphologische Kasten* dient dazu technologische Möglichkeiten zu strukturieren, aber auch Probleme und Problemlösungsvorschläge organisiert anzugehen (vgl. Siemens AG 1985, S. 302 ff.; Schlicksupp 1977, S. 69 ff.; van Aerssen et al. 2018, S. 565 ff.).

Dazu wird ein Problem in Parameter und Varianten aufgegliedert. Wichtig ist hierbei die sachliche Unabhängigkeit der Parameter. Am Beispiel eines Rasenmähers wird in Abb. 3.3 für jeden Parameter eine Variante ausgewählt und die Varianten werden anschließend mit Linien verbunden, um die Lösungsalternativen zu visualisieren. Weitere Varianten-Kombinationen stellen weitere Lösungsalternativen dar.

Übung 3.2: Ideen erfassen und strukturieren mit dem Ideen-Canvas

Wie können Ideen einfach erfasst und strukturiert werden? Hier muss eine vernünftige Balance gefunden werden: Einerseits sollten Ideengeber*innen dazu gebracht werden, die Idee möglichst ausführlich zu beschreiben und einzuordnen. Andererseits sollten sie nicht durch komplizierte Formulare davon abgehalten werden, ihre Idee abzugeben. In Abb. 3.4 ist ein „Ideen-Canvas" dargestellt, welches zur Erfassung von Ideen gut geeignet ist, ausgefüllt mit einer Innovationsidee der Firma RasenfitKOCH.

Name / Titel der Idee	Ideengeber*innen
Rasenpflege durch integriertes „Gras-Condition Monitoring"	Beate Wurminger, Peter Green

Inhalt und Ziel der Innovationsidee (welches Kund*innen-Problem wird adressiert?)

Rasen muss nicht nur gemäht, sondern auch gepflegt werden. Kund*innen haben in diesem Bereich oft kein Know How und wünschen sich Unterstützung.
Ein „Gras-Condition Monitoring" erkennt den Zustand des Rasens und des Bodens (z. B. Nährstoffversorgung, Feuchte, Schadstoffe) durch geeignete Sensoren oder Kameras. Es kartiert die Rasenfläche (über GPS o. a.) und erstellt eine Übersicht, wo eine besondere Pflege des Rasens nötig ist (zuätzliche Bewässerung, Düngemittel, ...). Es gibt dann den Nutzer*innen klare Handlungsanweisungen, wie sie ihren Rasen besser pflegen können.
Das System soll in ein bestehendes Rasenmäher-Modell integriert werden.

Gibt es bereits eine ähnliche Lösung? Wenn ja, wie sieht diese aus?	Was ist wirklich neu an der Idee?
Bisher für Endkonsumenten nicht bekannt, es gibt schon Ähnliches für die Golfplatzpflege	Der Rasenmäher wandelt sich vom „Grasschneide-Werkzeug" zum Rasenpfleger

Bewertung der Idee

Markt / Attraktivität der Idee	Technik / Umsetzung	Nachhaltigkeit / Umweltaspekte

Abb. 3.4 Ideen-Canvas mit Beispiel-Idee

Aufgabe: Beschreiben Sie eine Innovationsidee mit Hilfe des Ideen-Canvas. Die Bewertung der Idee kann dann später eingetragen werden.

Unter http://www.hs-pforzheim.de/IMBuch finden Sie weitere Informationen sowie Vorlagen zur Dokumentation Ihrer Ergebnisse.

Handelt es sich bei Ihrer Idee um eine Geschäftsmodellidee, dann können Sie zur Beschreibung zusätzlich den sogenannten *Business Model Canvas* nutzen (vgl. Osterwalder und Pigneur 2013). Dort wird zunächst der Nutzen für Kund*innen über das Wertversprechen des Geschäftsmodells abgebildet. Weiterhin wird dargestellt, wie relevante Markt- und Kund*innenthemen angegangen werden sollen (adressierte Märkte und Zielkund*innen, Aufbau und Pflege von Kund*innenbeziehungen, Etablierung von Vertriebskanälen). Auf der anderen Seite wird visualisiert, wie die Umsetzung des Geschäftsmodells gelingen kann (benötigte Aktivitäten, z. B. für Entwicklung, Produktion und Logistik, nötige Ressourcen und Schlüsselpartner für die Umsetzung des Geschäftsmodells). Mit der Beschreibung in einem Canvas kann sich so ein stimmiges Gesamtbild ergeben. ◄

Eine weitere Möglichkeit, Ideen zu generieren ermöglicht das Konzept *Open Innovation*. Dabei werden gezielte Wissenszu- und -abflüsse genutzt, um interne Innovationen zu beschleunigen bzw. die Märkte für die externe Nutzung von Innovationen zu erweitern (vgl. Chesbrough und Brunswicker 2013).

Open Innovation bedeutet in der Praxis, dass Unternehmen Externe nutzen, um neue Ideen zu entwickeln. Dies können Kund*innen, Lieferanten, Expert*innen oder Forschungsinstitute sein. Es findet also schon in dieser frühen Phase des Innovationsmanagements eine Zusammenarbeit statt, um gemeinsam Ideen zu entwickeln.

Wie kann Open Innovation nun konkret in der Praxis umgesetzt werden? Folgende Herangehensweisen empfehlen sich für KMU:

- Es können Ideenwettbewerbe mit Kund*innen, Zulieferern und weiteren Partnern durchgeführt werden.
- Über Innovationsplattformen können Problemstellungen, für die Lösungen gesucht werden, bekannt gegeben („Challenges") und Ideen dazu gesammelt werden (dazu gibt es mittlerweile eine Vielzahl von Dienstleistern).
- In gemeinsamen Projekten kann Forschung und Entwicklung mit anderen Unternehmen und/oder Forschungsinstituten betrieben werden.
- Über Auftragsforschungsprojekte kann mit Entwicklungsdienstleistern oder Forschungsinstituten ein spezielles Themenfeld bearbeitet werden.

Open Innovation eröffnet viele Chancen für das Unternehmen, ist jedoch auch nicht immer einfach: Man muss bereit sein Know-how zu teilen und sich zu öffnen. Dadurch können aber auch interne Informationen zum Wettbewerber fließen. Es muss also eine gewisse Bereitschaft vorhanden sein, Wissen nach außen abzugeben, um Probleme, für die eine Lösung gesucht wird, bekannt zu machen.[2]

3.4   Agile Methoden (Design Thinking)

Design Thinking ist ein dynamischer Ansatz, um Probleme zu identifizieren und mit Blick auf eine gesteigerte Wertschöpfung zu lösen (vgl. Schallmo und Lang 2020). Nach Plattner et al. 2009 (S. 103) ist „Design Thinking […] eine systematische Innovationsmethode, die in allen Lebensbereichen angewendet werden kann. Design Thinking ist kein Algorithmus, keine genau definierte Handlungsvorschrift zur Lösung eines Problems […] sondern eine Heuristik, die ganz bestimmte Verfahrensschritte vorgibt, die sich in der Praxis in einer bestimmen Abfolge als zweckmäßig erwiesen haben und die unter ganz bestimmten Bedingungen, nämlich in einem multidisziplinären Team, ihr vollständiges Erfolgsspektrum entfalten können." Damit ist Design Thinking eine systematische Herangehensweise, bei der nicht die technische Lösbarkeit der Aufgabe, sondern von Anfang an konsequent die Wünsche und Bedürfnisse der Nutzer*innen im Zentrum des Prozesses stehen. Um dies zu erreichen, fordert die Methode eine stetige Rückkopplung zwischen dem Entwicklungsteam, einer Lösung und seiner Zielgruppe. Beim Design Thinking wird durch die Brille des Nutzers bzw. der Nutzerin auf das Problem geschaut. Damit be-

---

[2] Eine weitere Perspektive von Open Innovation betrachtet den Aspekt, dass eventuell gute Ideen im eigenen Unternehmen nicht umgesetzt werden können, da sie z. B. nicht zur Unternehmensstrategie passen. Dann kann überlegt werden, sie nach außen abzugeben.

gibt sich das Entwicklungsteam quasi in die Rolle des Anwenders bzw. der Anwenderin. Sie verfolgen einen klaren Outside-In-Fokus, stellen Endnutzer*innen Fragen und nehmen ihre Abläufe und Verhaltensweisen genau unter die Lupe (vgl. HR Pioneers 2017).

Lösungen und Ideen werden in Form von Prototypen möglichst früh sichtbar und kommunizierbar gemacht, damit potenzielle Anwender*innen sie – noch lange vor der Fertigstellung oder Markteinführung – testen und ein Feedback abgeben können. Auf diese Weise erzeugt Design Thinking praxisnahe Ergebnisse (vgl. HR Pioneers 2017).

Innovationen und wertvolle Problemlösungen vereinen dabei drei wesentliche Komponenten: (technologische) Machbarkeit, (wirtschaftliche) Tragfähigkeit und (menschliche) Erwünschtheit (vgl. HR Pioneers 2017). Diese beruht auf den drei wesentlichen Elementen: multidisziplinären Teams, variablen Räume und dem genauen Ablauf des Design Thinking-Prozesses.

Der Design Thinking-Prozess beinhaltet dabei iterative Schleifen mit ursprünglich sechs Phasen (vgl. Plattner et al. 2009, S. 114), die später durch eine siebte Phase der Integration des Prototyps ergänzt wurden (vgl. Schallmo und Lang 2020, S. 24):

1. Verstehen: In der Phase des Verstehens steckt das Team den Problemraum ab.
2. Beobachten: In der Phase des Beobachtens sehen die Teilnehmenden nach außen und bauen Empathie für Nutzer*innen und Betroffene auf.
3. Sichtweise definieren: In dieser Phase geht es darum, die Sichtweise zu definieren. Es werden die gewonnenen Erkenntnisse zusammengetragen und verdichtet.
4. Ideen finden: In der Phase Ideen finden entwickelt das Team zunächst eine Vielzahl von Lösungsmöglichkeiten, um sich dann zu fokussieren.
5. Prototypen entwickeln: Die anschließende Umsetzung eines Prototypen dient der Entwicklung konkreter Lösungen.
6. Test des Prototyps an den passenden Zielgruppen.
7. Prototyp integrieren.[3]

Um besser vom Nutzer bzw. der Nutzerin ausgehend zu denken, werden sowohl in der Phase der Beschreibung des Problemraums als auch in der Phase der Erarbeitung des Lösungsraums sogenannte Personas konstruiert. Personas sind hypothetische, typische Nutzer*innen, die beschrieben werden und einen Namen erhalten. Auch wenn sie fiktiv sind, so werden sie doch mit typischen Eigenschaften und Verhaltensweisen möglicher Kundengruppen beschrieben. Dadurch stellen sie eine Repräsentation der Zielgruppe(n) dar und dienen der sogenannten Kundenprofilierung (vgl. Freudenthaler-Mayrhofer und Sposato 2017, S. 186). Dabei wird deutlich klargestellt, welche Ziele sie bei der Verwendung des Produktes verfolgen.

---

[3] Für eine ausführliche und anschauliche Darstellung der sieben Phasen inklusive möglicher Praxismethoden siehe Schalmo und Lang (2020).

3.5 Zusammenfassung und Fazit

Die Ideengewinnung ist ein zentraler Baustein des Innovationsmanagements und bedarf eines strukturierten Ansatzes. Sie beruht darauf, die Bedürfnisse der Nutzer*innen/ Kund*innen und deren Probleme zu kennen.

Wichtig ist dabei, zunächst mögliche Probleme zu identifizieren, ohne gleich Ideen zu deren Lösung zu suchen. Diese klare Trennung von Problemen und Ideen als Lösungsansätze ist in der Praxis nicht immer vorhanden.

Bei der „Suche nach Neuem" wird oft die Ideensammlung unterschätzt: Erfahrungen und Know-how der Mitarbeitenden aber auch der Kund*innen, Lieferanten und anderer Akteur*innen sind mögliche Quellen für gute Innovationsideen und sollten unbedingt genutzt werden. Alle Ideen sollten systematisch gespeichert werden, um auch in Zukunft bisherige Ideen wieder aufgreifen oder weiterentwickeln zu können.

Bei der Ideengenerierung sind klassische Kreativitätstechniken, agile Vorgehensweisen wie das Design Thinking und eine gute Strukturierung der Diskussion wichtige Hilfsmittel. Die Möglichkeit für einen Perspektivenwechsel und einen „Blick über den Tellerrand" sowie die Ermöglichung von „Denk-Freiräumen" können neue Möglichkeiten aufzeigen. So sollten auch Ideen betrachtet werden, die erst einmal als „weit hergeholt" oder „zu weit weg vom Tagesgeschäft" angesehen werden.

Schlussendlich sind für die Ideengewinnung eine innovationsförderliche Kultur sowie ausreichend Ressourcen und Zeit für die Beteiligten nötig.

Der Ideengewinnung folgt dann die Ideenbewertung und -auswahl. Diese wird im nächsten Kapitel betrachtet.

Wiederholungs- und Verständnisfragen

- Warum ist es so wichtig die Probleme und Bedürfnisse der Kund*innen/Nutzer*innen zu verstehen?
- Welche unterschiedlichen Auslöser gibt es für Innovationen?
- Wie kann das Preis-Nutzen-Verhältnis ermittelt werden und wozu ist dies überhaupt nötig?
- Nennen Sie drei interne und drei externe Informationsquellen zur Ideensammlung.
- Warum sollten gesammelte Ideen strukturiert erfasst und gespeichert werden?
- Was sind die drei Komponenten für Kreativität und was ist auch darüber hinaus wichtig für Kreativität?
- Beschreiben Sie den grundsätzlichen Ablauf eines kreativen Prozesses.
- Welche Prinzipien sollten bei einem Brainstorming-Meeting berücksichtigt werden?
- Wozu kann die 6-Hüte-Methode genutzt werden?
- Welche Methoden gibt es im Rahmen des Konzepts Open Innovation?
- Was steht im Zentrum des Design Thinking?
- Wie funktioniert ein Design Thinking-Prozess?

3.6   Reflexion für die Praxis und Anwendung des Gelernten

Zum Abschluss des 3. Kapitels geht es darum, dass Sie einen Blick auf die (künftige) Anwendung des Gelernten für die Phase der Ideengewinnung in der Unternehmenspraxis werfen.

Nutzen Sie die folgenden Fragen um für sich zu reflektieren, wie die bisherige Herangehensweise in Ihrem Unternehmen bzgl. Ideengewinnung aussieht:

1. Wie werden bisher in Ihrem Unternehmen die Probleme der Kund*innen/Nutzer*innen untersucht und wie erfolgt die Gewinnung von Ideen zur Lösung des Problems? Welche Methoden und Informationsquellen nutzen Sie beispielsweise?
2. Inwiefern werden bereits konkrete Kreativitätstechniken, Design Thinking oder Open Innovation in Ihrem Unternehmen eingesetzt bzw. wie könnten diese in Ihrem Unternehmen eingesetzt werden? Unterscheiden Sie nach „bereits eingesetzt" und „könnte eingesetzt werden".
3. Was würden Sie sagen im Hinblick auf die Inhalte des Kapitels „Ideengewinnung":
   a. Welcher Handlungsbedarf besteht in Ihrem Unternehmen?
   b. Wer sollte hier federführend aktiv werden?
   c. Wer sollte noch miteinbezogen werden?

Zu Beginn dieses Buches (siehe Abschn. 1.5) haben Sie einen Projektsteckbrief für Ihr Innovationsprojekt erstellt und können ihn nun pro Kapitel aktualisieren. Nun geht es darum, dass Sie das Gelernte aus Kap. 3 auf Ihr Innovationsprojekt übertragen. Prüfen Sie, ob Sie Ihren Projektsteckbrief ergänzen oder detaillieren sollten. Betrachten Sie insbesondere die Rubriken „Inhalt und Ziel", „Entstehung der Projektidee" und „Weitere Anmerkungen". Legen Sie dazu auch den Ideen-Canvas (Übung 3.2) daneben: er informiert vermutlich bereits sehr gut die entsprechenden Rubriken des Projektsteckbriefs und Sie können einiges übernehmen.

Nutzen Sie erneut das Quiz, das Sie zum Start des Kapitels ausgefüllt haben. Welche Fragen würden Sie nun anders beantworten? Überprüfen Sie Ihr Quiz abschließend anhand der Quiz-Lösungen.

Literatur

van Aerssen B, Buchholz C, Burkhardt N, Ernst A, Rings J, Rings S et al (2018) Das große Handbuch Innovation. 555 Methoden und Instrumente für mehr Kreativität und Innovation im Unternehmen. Unter Mitarbeit von Burkhardt N, Ernst A, Rings J, Rings S, Schobloch A, Spicker M et al. Franz Vahlen (Vahlen eLibrary Allgemeine Betriebswirtschaftslehre), München
Alderfer CP (1972) Existence, relatedness, and growth; human needs in organizational settings. Free Press, New York. isbn:0-02-900390-3
Amabile T (1998) How to kill creativity. Harv Bus Rev (September–October). https://hbr.org/1998/09/how-to-kill-creativity. Zugegriffen am 17.11.2021

Astor M, Rammer C, Klaus C, Klose G (2016) Endbericht: Innovativer Mittelstand 2025 – Herausforderungen, Trends und Handlungsempfehlungen für Wirtschaft und Politik. Studie im Auftrag des Bundesministeriums für Wirtschaft und Energie. Zentrum für Europäische Wirtschaftsforschung (ZEW), Berlin. https://ftp.zew.de/pub/zew-docs/gutachten/InnovativerMittelstand2025 ZEWPrognos2016.pdf. Zugegriffen am 14.01.2023

Bhimani H, Mention A-L, Barlatier P-J (2019) Social media and innovation: a systematic literature review and future research directions. Technol Forecast Soc Chang 144:251–269. https://doi.org/10.1016/j.techfore.2018.10.007

Bono E de (1992) Six thinking hats. Revised and updated edition. Penguin Life, an imprint of Penguin Books, London.

Chesbrough HW, Brunswicker S (2013) Managing open innovation in large firms. Survey report; executive survey on open innovation 2013. Fraunhofer, Stuttgart

Christensen C (2013) The innovator's dilemma. Warum etablierte Unternehmen den Wettbewerb um bahnbrechende Innovationen verlieren. Franz Vahlen GmbH (Business Essentials), München

Christensen C, Hall T, Dillon K, Duncan DS (2016) Know your customers' „jobs to be done". Harv Bus Rev (September 2016), S 54–62. https://hbr.org/2016/09/know-your-customers-jobs-to-be-done. Zugegriffen am 14.05.2022

Christensen K, Nørskov S, Frederiksen L, Scholderer J (2017) In search of new product ideas: identifying ideas in online ommunities by machine learning and text mining. Creat Innov Manag 26(1):17–30. https://doi.org/10.1111/caim.12202

Deci EL, Ryan RM (2008) Self-determination theory: a macrotheory of human motivation, development, and health. Can Psychol 49:182–185

Freudenthaler-Mayrhofer D, Sposato T (2017) Corporate design thinking. Wie Unternehmen ihre Innovationen erfolgreich gestalten. Springer Gabler, Wiesbaden/Heidelberg

Hauschildt J, Salomo S, Schultz C, Kock A (2016) Innovationsmanagement, 6., vollst. ak. und überarb. Aufl. Franz Vahlen (Vahlens Handbücher), München

Hippel E von (1986) Lead users: a source of novel product concepts. Manag Sci 32(7):791–805. https://pubsonline.informs.org/doi/pdf/10.1287/mnsc.32.7.791. Zugegriffen am 14.01.2023

Homburg C (2017) Marketingmanagement. Strategie – Instrumente – Umsetzung – Unternehmensführung, 6. Aufl. Springer Gabler (SpringerLink Bücher), Wiesbaden

Hossain M, Leminen S, Westerlund M (2019) A systematic review of living lab literature. J Clean Prod 213:976–988. https://doi.org/10.1016/j.jclepro.2018.12.257

HR Pioneers (2017) Design Thinking: Rahmenwerk mit Wirksamkeit. https://hr-pioneers.com/2019/04/design-thinking-rahmenwerk-mit-wirksamkeit/. Zugegriffen am 19.04.2022

Katz R, Allen TJ (1982) Investigating the Not Invented Here (NIH) syndrome: a look at the performance, tenure, and communication patterns of 50 R & D Project Groups. R&D Management 12(1):7–20. https://doi.org/10.1111/j.1467-9310.1982.tb00478.x

Kluge F, Seebold E (2012) Etymologisches Wörterbuch der deutschen Sprache, 25., durchges. und erw. Aufl. de Gruyter, Berlin

Maslow AH (2021) Motivation und Persönlichkeit, 16. Aufl. Rowohlt (rororo rororo-Sachbuch, 17395), Reinbek bei Hamburg

Osterwalder A, Pigneur Y (2013) Business model generation. A handbook for visionaries, game changers, and challengers. Wiley&Sons, New York

Plattner H, Meinel C, Weinberg U (2009) Design Thinking. Innovation lernen – Ideenwelten öffnen. Nachdr. mi-Wirtschaftsbuch Finanzbuch, München

Pleschak F, Sabisch H (1996) Innovationsmanagement. Schäffer-Poeschel, Stuttgart

Schallmo D, Lang K (2020) Design Thinking erfolgreich anwenden. So entwickeln Sie in 7 Phasen kundenorientierte Produkte und Dienstleistungen, 2., ak. Aufl. Springer Gabler, Wiesbaden/Heidelberg

Schlicksupp H (1977) Kreative Ideenfindung in der Unternehmung. Methoden und Modelle, 1. Aufl. Walter de Gruyter (Mensch und Organisation, 2), Berlin/New York

Schlicksupp H (1988) Produktinnovation. Wege zu innovativen Produkten u. Dienstleistungen, 1. Aufl. Vogel (Management-Wissen), Würzburg

Schweitzer FM, Buchinger W, Gassmann O, Obrist M (2012) Crowdsourcing: leveraging innovation through online idea competitions. Res Technol Manag 55(3):32–38. https://doi.org/10.5437/08956308X5503055

Siemens AG (1985) Organisationsplanung. Planung durch Kooperation, 7., unveränd. Aufl. Siemens AG, Berlin

Thom N (1980) Grundlagen des betrieblichen Innovationsmanagements, 2. Aufl. Hanstein, Königstein/Ts

Tidd J, Bessant J (2021) Managing innovation. Integrating technological, market and organizational change, 7. Aufl. Wiley, Hoboken

Vahs D, Brem A (2015) Innovationsmanagement. Von der Idee zur erfolgreichen Vermarktung, 5., überarb. Aufl. Schäffer-Poeschel, Stuttgart

Ideenbewertung und -auswahl

4

In der Bewertungs- und Auswahlphase werden Ideen mit Hilfe geeigneter Methoden und Bewertungskriterien (wie Marktattraktivität, Umsetzbarkeit und Nachhaltigkeitswirkungen) bewerte. Attraktive/gut bewertete Ideen werden schließlich ausgewählt, um sie dann weiter zu bearbeiten.

Lernziele für dieses Kapitel: Die Leserinnen und Leser …

- kennen Zielsetzung und Anforderungen an die Bewertung von Innovationsideen,
- kennen verbreitete Methoden zur Ideenbewertung mit ihren Möglichkeiten und Grenzen und können diese in der Praxis anwenden,
- wissen, wie eine Ideenauswahl im Unternehmen vorzunehmen ist.

Nutzen Sie für dieses Kapitel das Lerntagebuch – http://www.hs-pforzheim.de/IMBuch.

Beantworten Sie die Fragen des Quiz zum Kapitel. Die Überprüfung findet erst am Ende des Kapitels statt.

In Abb. 4.1 finden Sie das Gesamtbild „Ambidextres Innovationsmanagements in KMU". Das Kap. 4 ist hier in der dritten Phase des Innovationsprozesses zu verorten.

4.1 Ideenbewertung: Grundlagen

Wie können nun aus den vielen neuen Ideen die vielversprechendsten herausgefiltert werden? Das ist Fokus der Ideenbewertung: Dort werden Ideen objektiv bewertet, um einige davon zur weiteren Umsetzung auszuwählen. Dies kann ein schwieriger Prozess sein, denn oft steht nur wenig Zeit zur Verfügung, um alle Ideen einer gründlichen Analyse zu unterziehen. Häufig bewegt man sich auch auf unsicherem Terrain, denn man muss sich mit Themen auseinandersetzen, in denen man sich vielleicht noch nicht gut auskennt.

Zielsetzung der Ideenbewertung ist (vgl. Vahs und Brem 2015):

© Der/die Autor(en) 2023
C. Lang-Koetz et al., *Ambidextres Innovationsmanagement in KMU*,
https://doi.org/10.1007/978-3-662-66458-2_4

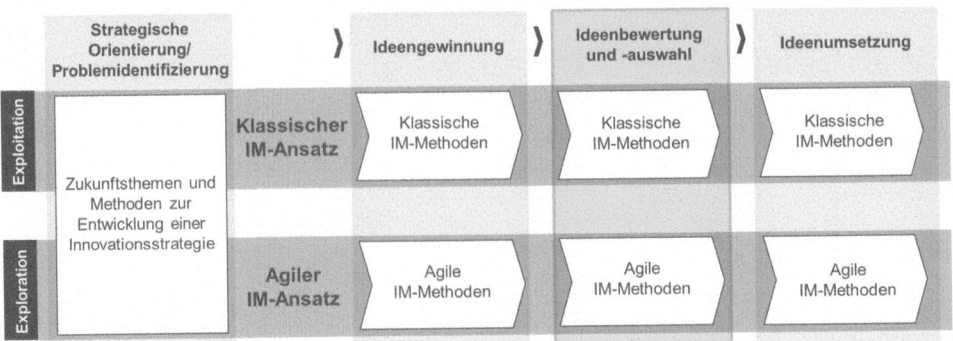

Abb. 4.1 Gesamtbild „Ambidextres Innovationsmanagement in KMU" – Verortung des Kap. 4 (entwickelt im Forschungsprojekt InnoDiZ; Phasenmodell aufbauend auf Pleschak und Sabisch 1996; Thom 1980; Vahs und Brem 2015)

- Auswahl der Erfolg versprechenden Innovationsansätze aus einer Vielzahl von Ideen
- Beurteilung der einzelnen Ideen hinsichtlich geeigneter Bewertungskriterien und Erstellung einer Rangfolge (als Grundlage für eine zielgerichtete Zuweisung von Ressourcen zur weiteren Umsetzung)
- Aussortierung der Ideen, die nicht oder nur wenig Erfolg versprechend sind

Die Ideenbewertung dient also als wichtiges Instrument, um zielgerichtet Innovationen im Unternehmen voranzubringen.

Bei der Bewertung spielen im Allgemeinen folgende Aspekte eine wichtige Rolle:

- technische Umsetzbarkeit der Idee (insbesondere über Produktentwicklung, Aufbau von Produktion, Logistik und Vertrieb)
- voraussichtlicher Markterfolg (Kundennutzen und voraussichtliche Marktgröße)
- Beitrag zu den angestrebten Zielsetzungen des Unternehmens und strategische Passung mit der Innovationsstrategie des Unternehmens
- voraussichtliche Umweltwirkung/Ressourceneffizienz und weitere mögliche Nachhaltigkeitsaspekte der angestrebten Lösung

Diese Aspekte müssen für das jeweilige Unternehmen und die betrachtete Fragestellung konkretisiert werden (z. B. Aufwand der technischen Umsetzung in Personenmonaten oder Euro, erwartetes Marktpotenzial in Euro). Es sollten möglichst objektive Bewertungsmaßstäbe genutzt werden. Im Idealfall liegen schon konkrete Zahlen vor, z. B. über geeignete Voranalysen oder Erfahrungswerte aus vergangenen Projekten. Oft müssen aber einzelne Parameter geschätzt werden. Hier ist wichtig, dass realistische Annahmen getroffen werden, gerade was die Marktsituation angeht.

Stellen Sie sich vor, Sie haben 100 Ideen für ein aktuelles Innovationsthema im Unternehmen ermittelt. Statistisch gesehen handelt es sich wahrscheinlich nur bei einem Bruchteil davon um wirklich „gute Ideen". Es geht nun darum, diese aufzuspüren. Meistens liegen jedoch nur wenige Informationen vor. Dies führt zu einem Dilemma bei der Ideenbewertung: einerseits soll die Bewertung gründlich sein, andererseits stehen nur begrenzt Zeit und Knowhow für Analyse und Bewertung zur Verfügung (siehe auch Schlicksupp 1988).

Als Abhilfe kann hier das „Trichterkonzept" von Schlicksupp dienen (oft auch „Ideenfilter" genannt). Es beruht darauf, Ideen in mehreren Stufen zu bewerten:

- In der Vorauswahl werden nicht brauchbare oder nicht durchführbare Vorschläge aussortiert (zum Beispiel Ideen, die nicht zur Unternehmensstrategie passen).
- In der ersten Stufe findet eine erste Bewertung der Ideen mittels vorher ausgewählter Bewertungskriterien statt. Oft müssen hier sehr viele Ideen in kurzer Zeit betrachtet werden. Schlecht bewertete Ideen werden direkt aussortiert.
- Die Anzahl der Ideen reduziert sich kontinuierlich, sodass in der nächsten Stufe pro Idee mehr Zeit für die Bewertung eingesetzt wird. Der Detaillierungsgrad der Betrachtung nimmt damit zu und die Qualität der Bewertung steigt. Auch hier werden wieder Ideen aussortiert.
- Schließlich ergibt sich nach mehreren Bewertungsstufen eine Liste mit evaluierten und als besonders interessant erachteten Ideen, die dann im weiteren Verlauf weiterbearbeitet werden können.

Die Bewertung neuer Ideen ist grundsätzlich schwierig, denn häufig sind die zu bewertenden Ideen komplex, berühren technisches Neuland oder sind sehr langfristig orientiert (vgl. Schlicksupp 1988). Oftmals liegt nur wenig Wissen über solch ein „neues Thema" vor. Ebenso kann niemand genau wissen, wie die Welt in fünf Jahren aussehen wird, wie sich auch Markt- und Wettbewerbssituation oder Technologie bis dahin entwickeln können. Am Anfang sind Ideen unkonkret und abstrakt, deswegen ist es wichtig sie klar zu beschreiben, bevor sie bewertet werden.

Auch muss im Innovationsprozess ständig präzisiert und aktualisiert werden. Man muss kontinuierlich hinterfragen, ob die getroffenen Einschätzungen zu Marktattraktivität, zur technischen Umsetzbarkeit oder zu anderen Aspekten noch richtig sind. Hierfür müssen aktiv neue Informationen eingeholt und bewertet werden. Insofern muss der oben dargestellte Bewertungsvorgang oft in mehreren Schleifen durchgeführt werden.

Im Folgenden werden nun einige Methoden vorgestellt, mit denen eine Ideenbewertung praxisnah durchgeführt werden kann.

4.1.1 Klassische Methoden der Ideenbewertung

Zunächst werden qualitative Methoden vorgestellt, um Ideen zu bewerten. Deren Einsatz ist insbesondere dann sinnvoll, wenn die betrachteten Ideen noch unkonkret beschrieben sind.

Mit *Checklisten* kann abgefragt werden, inwiefern grundlegend wichtige Aspekte bei der Idee eine Rolle spielen oder nicht (vgl. Vahs und Brem 2015; Cooper 2008): Dort werden für das Unternehmen relevante Bewertungskriterien zusammengestellt. Es wird in

„Muss-Kriterien" (sind unbedingt zu erfüllen) und „Kann-Kriterien" (erhöhen die Attraktivität der Idee, sind aber nicht zwingend erforderlich) unterschieden. Damit wird überprüft, ob die Kriterien erfüllt sind oder nicht (ohne eine genauere Bewertung vorzunehmen).

Folgende Bereiche eignen sich zur Festlegung von Kriterien zur Abfrage in einer
Checkliste (in Anlehnung an Vahs und Brem 2015, S. 331):

- Die Marktfähigkeit der Idee: Als Kriterien können die Bedürfnisbefriedigung des Kun-
  den, die Steigerung des Kundennutzens oder das Vorliegen einer Unique-Selling-
  Proposition sein.
- Technische Aspekte: Hier können der Zugang zur Technologie und ob die Idee selbst
  (weiter-)entwickelt werden kann, abgefragt werden.
- Gesetzgebungen: Dort können Kriterien wie Restriktionen oder zukünftige Entwicklungen herangezogen werden.
- Klärung der Schutzrechtsituation: Hier können notwendige Patente, Gebrauchsmuster
  oder andere Marken als Bewertungskriterium dienen.
- Strategiekonformität: Diese kann über Kriterien wie die Berücksichtigung der Image-
  oder Innovationsstrategie bewertet werden.
- Nachhaltigkeit und Ressourceneffizienz: Es werden keine giftigen oder umweltgefähr-
  denden Materialien genutzt, das erwartete Produkt führt generell nicht zu großen Umweltwirkungen und hat keine negativen Auswirkungen auf Arbeitsbedingungen oder
  andere soziale Aspekte (siehe dazu auch Kap. 7).

Wichtig hierbei ist die individuelle Anpassung auf die Bedürfnisse und relevanten Parameter des Unternehmens.

Eine weitere qualitative Bewertungsmethode ist der *paarweise Vergleich*. Mehrere Ideen
werden miteinander verglichen (vgl. Ehrlenspiel und Meerkamm 2013, S. 535 f.; Brockhoff
und Brem 2021). Eine Einzelperson oder ein Innovationsteam betrachtet die vorliegenden
Ideen und entscheidet, welche sie im direkten Vergleich als die jeweils bessere ansieht.

Dies ist beispielhaft in Abb. 4.2 dargestellt. Zunächst wird eine Tabelle gebildet, in der
die Ideen in Spalten und Zeilen aufgelistet werden. Dann werden die Ideen miteinander

		Idee 1	Idee 2	Idee 3
	Idee 1: leiser Motor	-	0	1
Produkt-ideen	Idee 2: Leichtbau-Gehäuse	1	-	1
	Idee 3: Zustandserkennung Rasen	0	0	-
	Summe	1	0	**2**
		2. Rang	3. Rang	**1. Rang**

Abb. 4.2 Beispiel für einen paarweisen Vergleich von Innovationsideen für einen neuartigen
Rasenmäher

verglichen: Ist die in der Spalte betrachtete Idee besser als die in der Zeile, so wird eine „1" vergeben, andernfalls eine „0". Danach werden die Zahlen in den Spalten jeweils aufaddiert. Die Idee mit den meisten Punkten ist entsprechend als die Beste anzusehen. Es gilt also: Je größer dieser Summenwert, desto höher ist die Rangordnung in der Liste der Ideen.

Eine erste Bewertung von Ideen kann außerdem über das *Konstantsummen-Verfahren* erfolgen (vgl. Brockhoff und Brem 2021, S. 234; Vahs und Brem 2015, S. 334): Dabei wird eine vorgegebene Anzahl von Punkten (z. B. 100 Punkte) auf die vorliegenden Ideen entsprechend ihrer Bedeutung verteilt. Je mehr Punkte eine Idee erhält, desto relevanter ist sie für das Unternehmen.

Beim paarweisen Vergleich und Konstantsummen-Verfahren steht die zum Teil recht subjektive Einschätzung der Personen im Vordergrund, die die Bewertung durchführen. Um eine Bewertung objektiver zu gestalten, sollten konkrete Kriterien genutzt werden.

Darauf basiert zum Beispiel das *Markt-Technik-Portfolio*, das in der Praxis sehr verbreitet und auch gut anwendbar ist. Dort werden Ideen in Bezug auf ihre Attraktivität für Kund*innen/den Markt und ihre technische Umsetzbarkeit bewertet und eingeordnet. Es handelt sich damit um eine ähnliche Herangehensweise wie das in Abschn. 2.1 vorgestellte „Technologie-Portfolio" nach Pfeiffer et al. 1982 (siehe Abb. 2.6 in Abschn. 2.2). Auch hier gilt, dass Ideen rechts oben im Portfolio unbedingt weiterverfolgt werden sollen. Ideen links unten sollten nicht weiter betrachtet und für Ideen dazwischen ein Selektionsprozess durchgeführt werden.

Für die Ideenbewertung müssen für das Unternehmen geeignete Kriterien erstellt werden, Vorschläge dazu mit einem möglichen Bewertungsmaßstab finden sich in Abb. 4.3. Diese können für eine qualitative Bewertung genutzt werden.

Im Portfolio werden also Markt- und Technikaspekte jeweils zusammengeführt und am Ende visualisiert. Wie können jedoch weitere Kriterien berücksichtigt und übersichtlich dargestellt werden? Dazu können das *semantische Differential* und die *Polarkoordinatendarstellung* genutzt werden, sie dienen als geeignete Visualisierungsmethoden zur Gegenüberstellung von Ideen (vgl. Vahs und Brem 2015).

Im semantischen Differential (siehe auch Wübbenhorst 2018) werden vorliegende Ideen und deren qualitative Bewertung gegenübergestellt. Die Polarkoordinatendarstellung ist dafür lediglich eine andere Darstellungsform. Dort werden Bewertungskriterien kreisförmig angeordnet und die Bewertungen über den Abstand vom Koordinatenursprung in der Mitte des Bildes dargestellt (siehe auch Papula 2018). Ein Beispiel dazu findet sich in Abb. 4.4.

In beiden Visualisierungsmöglichkeiten können also viele Kriterien gleichzeitig dargestellt werden. Allerdings stehen sie gleichwertig nebeneinander, auch wenn in der Praxis vielleicht eines der Kriterien wichtiger ist als die anderen.

Ein „Zusammenfahren" der Bewertung verschiedener Kriterien unter Berücksichtigung einer unterschiedlichen Bedeutung (Gewichtung) kann gut mit der *Nutzwertanalyse* erfolgen (vgl. Ehrlenspiel und Meerkamm 2013, S. 539 ff.; Schlicksupp 1988): Die ausgewählten Kriterien werden mit einem Gewichtungsfaktor versehen. Anhand der Kriterien erfolgt die Bewertung der Ideen und anschließend wird mit der jeweiligen Gewichtung

Attraktivität der Idee

	Kriterium	1: sehr gering / kein	3: mittel	5: sehr hoch
Kundennutzen	Welchen konkreten Nutzen haben Kund*innen durch die Idee?	sehr geringer Kundennutzen		sehr hoher Kundennutzen (Funktionen von Produkt / Lösung stellen erheblichen Mehrwert dar)
Wettbewerbsvorteil	Können durch die Idee Vorteile gegenüber Wettbewerbern erreicht werden?	Bei der Idee handelt es sich um ein am Markt gängiges Produkt / gängige Lösung.		kein Wettbewerber bietet momentan eine ähnliche Lösung an
Marktpotenzial	Inwiefern kann die Idee als Produkt / Lösung auf dem Markt verkauft werden?	Idee stellt eine individuelle Lösung dar (für einen oder zwei Kund*innen)		Für sehr viele Kund*innen interessant (hoher Umsatz möglich)

Technikaspekte

Kriterium	Beschreibung	1: sehr gering / kein	3: mittel	5: sehr hoch
Technische Machbarkeit	Wird es funktionieren, die Idee technisch umzusetzen?	Das technische Thema ist noch relativ unbekannt, Umsetzung funktioniert wahrscheinlich nicht.		technische Umsetzung zur Serienreife ohne größere Probleme möglich, Know How dazu liegt vor
		1: sehr aufwändig	**3: mittel**	**5: sehr geringer Aufwand**
Umsetzungsaufwand	Entwicklungsaufwand, um die Idee technisch umzusetzen	sehr hohe Kosten zur Umsetzung der Idee (größer als … EUR)		geringe Kosten zur Umsetzung der Idee (weniger als … EUR)

Umweltaspekte

Kriterium	Beschreibung	1: kein	3: mittel	5: sehr hoch
Verbrauch natürlicher Ressourcen (insbes. Material und Energie)	Wie kann der Ressourcenverbrauch über den gesamten Produktlebenszyklus verringert werden im Vergleich zu einer bestehenden Lösung?	im Vergleich kein geringerer Ressourcenverbrauch zu erwarten (oder sogar höherer Verbrauch)		im Vergleich sehr hohe Einsparungen von Ressourcen möglich (mehr als … %)

Abb. 4.3 Geeignete Kriterien zur qualitativen Bewertung von Ideen bzgl. Attraktivität und Technikaspekten

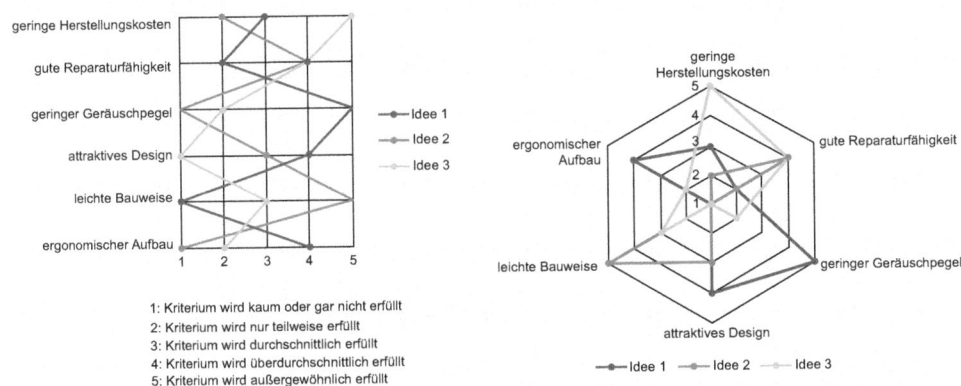

1: Kriterium wird kaum oder gar nicht erfüllt
2: Kriterium wird nur teilweise erfüllt
3: Kriterium wird durchschnittlich erfüllt
4: Kriterium wird überdurchschnittlich erfüllt
5: Kriterium wird außergewöhnlich erfüllt

Abb. 4.4 Semantisches Differenzial (links) und Polarkoordinatendarstellung (rechts) zur Gegenüberstellung von Ideen am Beispiel eines Rasenmähers

multipliziert („Nutzwert"). Die Summe aller Nutzwerte entspricht der Gesamtbewertung der Idee. Eine Bewertung eines Beispiels mit der Nutzwertanalyse ist im Übungsdokument 4 dargestellt.

Übung 4: Ideenbewertung

Nun soll die Ideenbewertung für sechs Ideen durchgeführt werden. Dies können Sie allein oder auch im Team vornehmen.

1. Bitte führen Sie mithilfe der Nutzwertanalyse und der *Polarkoordinatendarstellung* die Bewertung der sechs Ideen durch. Nutzen Sie hierzu die Excel-Datei, die Ihnen im Zusatzmaterial als Download zur Verfügung steht (Link siehe unten).
2. Beachten Sie, dass die Datei aus mehreren Tabellenblättern besteht, Sie jedoch nur das erste Tabellenblatt und die in hellem Gelb hinterlegten Felder im 2. Tabellenblatt bearbeiten müssen:
   1. Tabellenblatt „Ideenübersicht": Tragen Sie hier jeweils den Titel und die Beschreibung der zu bewertenden Ideen ein.
   2. Tabellenblatt „Kriterien, Gewichtung, Bewertung": Hier sind Bewertungskriterien festgelegt. Bitte passen Sie bei Bedarf die Gewichtungsfaktoren für diese Kriterien an und führen Sie schließlich die Punktevergabe für die Ideen durch (weitere Hinweise dazu finden Sie in der Excel-Datei).
   3. Tabellenblatt „Nutzwertanalyse" (wird automatisch berechnet): Hier werden auf Basis Ihrer Angaben im 2. Tabellenblatt automatisch die Nutzwerte und Gesamtnutzwerte der jeweiligen Ideen berechnet.
   4. Tabellenblatt „Ergebnisse" (wird automatisch berechnet): Hier finden Sie eine automatisch erstellte Zusammenfassung Ihrer Ideenbewertung und die Polarkoordinatendarstellung.

Unter http://www.hs-pforzheim.de/IMBuch finden Sie eine Excel-Vorlage zur Bewertung Ihrer Ideen. ◄

Wie kann aber nun die *Wirtschaftlichkeit* einer Innovationsidee bewertet werden? Dazu eignen sich statische Verfahren der Investitionsrechnung, die zur quantitativen Bewertung von Ideen herangezogen werden können (vgl. Vahs und Brem 2015). Gängige Verfahren sind:

- Rentabilitätsrechnung (Wöhe et al. 2020, S. 476 f.)

$$Rentabilität = \frac{Gewinn}{eingesetztes\ Kapital} \times 100$$

- Return on Investment (ROI-Methode) (Wöhe et al. 2020, S. 202)

$$Return\,on\,Investment = \frac{Gewinn}{Umsatz} \times \frac{Umsatz}{investiertes\ Kapital} \times 100$$

- Amortisationsrechnung (Wöhe et al. 2020, S. 477)

$$Amortisationsdauer = \frac{Kapitaleinsatz}{\varnothing laufende\ Kosten - \varnothing laufende\ Ausgaben}$$

Diese Betrachtungen können noch detaillierter über den Zeitverlauf vorgenommen werden („dynamische Verfahren"), z. B. über die Kapitalwertmethode, die interne Zinsfußmethode oder die Annuitätenmethode (vgl. Vahs und Brem 2015). Jedoch sind bei der Ideenbewertung gerade in den frühen Phasen dafür benötigte Informationen meist (noch) nicht vorhanden oder nur unter hohem Aufwand ermittelbar. Liegen sie vor, so sollten sie natürlich berücksichtigt und detailliertere Wirtschaftlichkeitsbetrachtungen vorgenommen werden.

Praxisbeispiel: Innovationsinitiative „Rasenmäher der Zukunft" bei der Firma RasenfitKOCH

Vor einigen Monaten hat Frau Koch, Geschäftsführerin der Firma RasenfitKOCH aus Nagold, eine Innovationsinitiative zum „Rasenmäher der Zukunft" im Unternehmen gestartet. Ziel ist es, über den Tellerrand hinauszuschauen und zukunftsweisende Ideen zu entwickeln. Die Rasenpflege soll dabei „komplett neu gedacht" werden, auch wenn das bedeutet, dass RasenfitKOCH vielleicht sogar keine klassischen Rasenmäher als Produkte mehr anbietet. Frau Koch hat einen Ideenwettbewerb gestartet und alle Mitarbeitenden aufgefordert, sich einzubringen. Im Laufe der dreiwöchigen Ideeneinreichungsphase wurden knapp 40 Ideen eingereicht. Diese müssen nun bewertet werden, um die vielversprechendsten davon auszuwählen und in Innovationsprojekten weiterzuverfolgen.

Die Bewertung der Idee sollte durch geeignete Personen im Unternehmen erfolgen, am besten in Form eines Gremiums aus Fach- und Führungskräften mit verschiedenen Erfahrungshorizonten. Die Gruppe der Bewerter*innen sollte in der Summe folgende Eigenschaften mitbringen:

- Abstraktionsvermögen und Kreativgeist sowie Offenheit, Zukunftsdenken und Bereitschaft über den Tellerrand hinaus zu blicken
- Unternehmerisches Denken und die Fähigkeit, Chancen und Risiken für das Unternehmen als Ganzes zu erkennen
- Erfahrung in Bezug auf Marktanforderungen und Kund*innenbedürfnisse

- Erfahrungen zu technischen Grundlagen der betrachteten Themen (verwendete Technologien, mögliche Umsetzung von Ideen in Produkten und Produktion)

Bei RasenfitKOCH wurden der Vertriebsleiter, ein langjähriger technischer Experte, die Leiterin des Services, der Assistent der Geschäftsführerin und die F&E-Leiterin ausgewählt. Das Bewertungsgremium trifft sich gemeinsam in einem Meeting, um dort alle Ideen durchzusprechen. Die jeweils betrachtete Idee wird dort verständlich vorgestellt: Dazu empfiehlt sich eine chancenorientierte Darstellung und eine positive Betrachtung, denn Kritikpunkte werden meist eh schnell identifiziert und geäußert.

Schließlich wird nach einer kurzen Diskussion gemeinsam die Bewertung festgelegt. RasenfitKOCH hat sich dabei für die in Abb. 4.3 dargestellten Bewertungskriterien entschieden, im Fokus stehen hier also Attraktivität, Technikaspekte und Umweltaspekte. Die jeweilige Bewertung (hier auf einer Skala von 1 bis 5) wird festgehalten und die Gründe für die Bewertung werden stichwortartig notiert. Diese können dann bei einer späteren Betrachtung wieder angesehen werden.

Wichtig ist: Die erste Bewertung einer Idee kann noch auf Erfahrung und Ersteinschätzung der beteiligten Personen beruhen, bei einer detaillierteren Betrachtung sollte eine etwas ausführlichere Analyse mit internen Expert*innen aus Marketing, Vertrieb, F&E-Abteilung, Produktmanagement erfolgen oder ggf. auch externes Know-how eingebunden werden.

Die Bewertungen der Ideen werden in einer Nutzwertanalyse aggregiert und nach ihrem Bewertungsergebnis sortiert. Weiterhin wird die Bewertung in den Ideen-Canvas (siehe Übung 3.2 in Kap. 3) eingetragen.

Ideen, die erst einmal aussortiert werden, werden in einem Ideenspeicher gesammelt und die wesentlichen Kritikpunkte dokumentiert. Häufig kann es Sinn machen, sie später noch einmal aufzugreifen, wenn sich beispielsweise Kundenbedürfnisse geändert haben oder technische Hürden durch eine technologische Weiterentwicklung überwunden werden konnten. In der Praxis kann man oft erleben, dass Ideen, die später am Markt erfolgreich waren, schon Jahre vorher einmal aufgegriffen, aber dann wieder verworfen worden sind.

Die am besten bewerteten Ideen können dann weiterverfolgt werden (siehe dazu Abschn. 4.2 Ideenauswahl).

4.1.2 Das Kund*innen-Meeting als agile Methode der Ideenbewertung

Die agilen Methoden zeichnen sich regelmäßig dadurch aus, dass sie konsequent ausgehend von Kund*innen denken und ein iteratives Vorgehen praktizieren. Dies gilt auch für die Phase der Ideenbewertung. Orientieren kann man sich dabei am agilen Manifest (vgl. Beedle et al. 2001). In den beiden ersten Prinzipien wird dort formuliert, dass es die höchste Priorität (eines Entwicklerteams) ist, den Kunden bzw. die Kundin durch frühe und kontinuierliche Auslieferung (eines wertvollen Produkts) zufrieden zu stellen und dabei Veränderungen stets am Wettbewerbsvorteil für Kunde oder Kundin auszurichten. Das Motto lautet: „Customer collaboration over contract negotiation". Die Kollaboration und der intensive Austausch mit den jeweiligen Kund*innen stehen damit also im Vordergrund. Aus diesem Grund bietet sich für eine agile Ideenbewertung die Methode der *Kund*innen-Meetings* an.

Die Kundenperspektive sollte im Kund*innen-Meeting durch Personen vertreten sein, die in definierten Meetings wie Review und Story-Workshops inhaltlich gestalten und auch entscheiden können (vgl. Storz 2014). Kunde bzw. Kundin übernimmt dabei die Rolle, den Product Owner[1] mit konkreten Impulsen hinsichtlich einer Innovationsidee zu versorgen. So werden Kund*innen eingebunden in die Bewertung einer Idee, indem er frühzeitig Hinweise darauf gibt, ob er die Innovation als attraktiv empfindet oder ob sie weiteren Verbesserungsbedarf enthält. In der konsequentesten Form der Umsetzung ist es sogar so, dass die Kundin selbst zum Product Owner werden kann (vgl. AOE GmbH 2018). In der Praxis findet man dazu etwa folgenden Erfahrungsbericht: „so richtig erfolgreich ist ein agiles Projekt meist erst, wenn der Kunde einen fähigen Product Owner stellt, der mit dem Team zusammen die Entwicklung in Iterationen begleitet und auch wirklich Entscheidungen treffen kann" (vgl. AOE GmbH 2018).

Eine Devise des agilen Vorgehens heißt dabei: „fail fast", also „scheitere schnell". Denn das ist zielführender (und meist billiger!), als spät zu scheitern. Ein frühes Erkennen, dass etwas nicht in die richtige Richtung geht, ist viel wertvoller als eine „Weichspülergangart" in der Hoffnung „das wird schon noch werden" (vgl. Storz 2014). Umso wichtiger ist es, den Kunden entweder als Ansprechperson des internen Product Owners oder als Product Owner durch Kund*innen-Meetings frühzeitig in die Bewertung der Innovationsideen einzubinden.

4.2   Ideenauswahl: Grundlagen

Nachdem die betrachteten Ideen bewertet wurden, muss nun eine Auswahl erfolgen, mit der festgelegt wird, welche Idee(n) weiterbearbeitet werden sollen. Im Idealfall hat sich dies schon in der Bewertung gezeigt. Trotzdem ist die Ideenauswahl als gesonderter Schritt anzusehen: Damit wird die fachliche Betrachtung von der unternehmerischen Entscheidung getrennt (vgl. Vahs und Brem 2015).

---

[1] Der Product Owner ist meist Leiter*in der Produktentwicklung oder eine andere hochrangige Person im Unternehmen. Er besitzt die Autorität, alle Entscheidungen bezüglich der Produktentwicklung zu treffen. Siehe mehr dazu in Kap. 5 bei der Rollenbeschreibung von SCRUM.

4.2.1 Klassische Methoden der Ideenauswahl

Die Verantwortung für die Auswahl im klassischen Ansatz ist eine Management-Entscheidung, die in der Praxis oft von Führungskräften bzw. der Geschäftsleitung getätigt wird. Damit können dann neben der fachlichen Perspektive weitere Aspekte mit einfließen. Schlussendlich entsteht damit ein deutliches Bekenntnis zu den ausgewählten Ideen durch die Geschäftsleitung. Dies erhöht ebenso die Akzeptanz zur weiteren Umsetzung für die ausgewählten Innovationsideen.

Wichtig ist auch hier: Informationen zu Ideen, die nicht weiterverfolgt werden sollen, sollten gut dokumentiert werden. Denn zu einem späteren Zeitpunkt könnten sie wieder interessant werden.

Obwohl viele Unternehmen ihre Ideen schon strukturiert und auf Basis objektiver Kriterien bewerten, so sollten subjektive Faktoren nicht unterschätzt werden. Manche Personen werden für kreativen Ideen-Input im Unternehmen geschätzt und respektiert, Ideen von Anderen werden vielleicht nicht richtig ernst genommen. Diese „menschlichen Faktoren" tauchen immer wieder auf und sollten kritisch hinterfragt werden. Das richtige Timing kann entscheidend sein: Eine gute Idee wird in der Geschäftsleitung anders wahrgenommen, wenn sie die Möglichkeit hat, sich aktiv damit auseinanderzusetzen – und nicht gerade mit wichtigem Tagesgeschäft vollkommen ausgelastet ist. Viele Praktiker*innen schwören darauf, dass eine gute Idee so „verkauft" werden muss, dass die Geschäftsleitung denkt, sie sei selbst darauf gekommen. Dass „Überredungskünste" in der Praxis wichtig sind, um Ideen voranzubringen, zeigt sich auch in der angewandten Managementforschung (vgl. Grant 2021). Es sollte daher das Bewusstsein vorhanden sein, dass sie eine wichtige Rolle spielen können (obwohl das der geforderten Objektivität bei der Ideenbewertung und -auswahl widerspricht).

4.2.2 Das Konsent-Prinzip als agile Methode der Ideenauswahl

Ein Charakteristikum agiler Methoden ist ein relativ hoher Grad an Partizipation der Beteiligten. Die agilen Methoden zeichnen sich dadurch aus, dass es nicht die eine Führungskraft gibt, die aufgrund ihrer Positionsmacht alleine eine Entscheidung trifft. Vielmehr werden die Beteiligten frei nach dem Prinzip „Betroffene zu Beteiligten machen" in den Entscheidungsprozess integriert (vgl. Gugel 2019). Denkbar sind dabei unterschiedliche Ansätze, wie eine Idee ausgewählt und damit letztlich eine Entscheidung getroffen werden kann. Ein typischer Weg der Entscheidungsfindung ist das *Mehrheitsprinzip*, das in der Demokratie praktiziert wird.[2] Ein großer Vorteil ist, dass dieses Vorgehen fair, einfach und

---

[2] Noch partizipativer, aber auch langwieriger (und damit ferner von der Unternehmenspraxis) ist das Einstimmigkeitsprinzip, das hier nicht aber weiter behandelt wird.

transparent ist. Der Nachteil besteht aber darin, dass es zu Effekten geringerer Verantwortungsbewusstseins der Individuen durch den Gruppenentscheid kommen kann. Zudem kann ein solches Vorgehen langwierig sein, da es im Vorfeld der Entscheidung zu einem regelmäßigen Austausch kommen sollte, bei dem sich die Beteiligten einbringen können.

In der agilen Praxis hat sich daher eher das sogenannte *Konsent-Prinzip* durchgesetzt. Es stellt eine Form der Entscheidungsfindung von Gruppen dar, die sich aus der soziokratischen Organisation (vgl. Endenburg 1992) und der Holokratie (vgl. Robertson 2016) ableiten lässt (vgl. Bartonitz et al. 2018). Die der Entscheidungsfindung im Konsent-Prinzip zugrundeliegende Struktur ist dabei die Kreisstruktur, wie sie zum Beispiel in einem agilen Entwicklungsteam gelebt werden kann (vgl. Eckstein et al. 2020).

Der Begriff Konsent bedeutet „kein Widerstand" (vgl. Strauch et al. 2018). Um einen Konsent zu erzielen, müssen nicht alle Teammitglieder in ihren Meinungen übereinstimmen, aber einer Entscheidung zustimmen, da jedes Teammitglied gleichberechtigt ist (vgl. Eckstein et al. 2020). Im Gegensatz zu Mehrheitsentscheidungen bleibt somit keine Stimme unberücksichtigt (vgl. Schumacher und Wimmer 2019, S. 12–18). Die Entscheidung muss dabei im Toleranzbereich jedes Teammitglieds liegen. Dies ist dann gegeben, wenn kein schwerwiegender und begründeter Einwand von Seiten eines Teammitglieds geäußert wird (vgl. Rüther 2019).

Konsent-Entscheidungen werden in den drei aufeinanderfolgenden Phasen der Bildformung, Meinungsbildung und Konsent-Formung gebildet (vgl. Strauch et al. 2018). Grundlage ist dabei eine durch ein Teammitglied eingereichte Idee oder ein bereits zuvor erarbeiteter Entscheidungsvorschlag (vgl. Rüther 2019).

In der *Bildformungsphase* werden alle zu der Idee relevanten Informationen offengelegt, ausgetauscht und offene Fragen durch die Teammitglieder bzw. die Vorschlaggebenden beantwortet, so dass jedes Teammitglied ein Verständnis für den Vorschlag bekommt und sich eine Meinung dazu bilden kann (vgl. Strauch et al. 2018).

In der iterativen Phase der *Meinungsbildung* werden zunächst die ersten Meinungen der Teammitglieder zur vorgelegten Idee bzw. dem eingereichten Entscheidungsvorschlag durch den Moderator bzw. die Moderatorin erfragt. Indem jedes Teammitglied reihum seine Meinung darlegt, soll eine Breite an verschiedenen Sichtweisen auf ein Thema und die Berücksichtigung der Meinung aller sichergestellt werden. Diese kollektive Intelligenz wird in einer zweiten Meinungsrunde genutzt, um mögliche Meinungsänderungen der Mitglieder durch die in der ersten Meinungsrunde gehörten Argumente und Einwände der anderen Mitglieder zu ermitteln. In beiden Meinungsrunden versucht der Moderator bzw. die Moderatorin dabei, die Einwände möglichst aller Mitglieder in den Vorschlag zu integrieren und ihn dadurch schrittweise zu verbessern und für möglichst alle tragbar zu machen (vgl. Strauch et al. 2018).

In der Phase der *Konsent-Formung* stellt der Moderator bzw. die Moderatorin den nun sehr ausgereiften Vorschlag zum Konsent, indem nach schwerwiegenden und begründeten Einwänden gefragt wird, die gegen den Vorschlag sprechen. Wird kein Einwand geäußert, so gilt der Vorschlag als beschlossen. Leichte Einwände und die dahinterliegenden Argumente werden in den Vorschlag integriert, wohingegen schwerwiegende Argumente gegen den Vorschlag zu weiteren Meinungsrunden im Kreis führen. Dabei tragen vor allem schwerwiegende Einwände zur Verbesserung des Vorschlags bei und sind somit inhaltlich wertvoll. Kann trotz erneuter Meinungsrunden weiterhin aufgrund eines begründeten und schwerwiegenden Einwands keine Entscheidung getroffen werden, so kann die Entscheidung vertagt oder mittels eines anderen vorher im Konsent bestimmten Verfahrens getroffen werden (vgl. Strauch et al. 2018).

Der Vorteil des Konsent-Prinzips besteht darin, dass es relativ schnell umsetzbar und der gesamte Prozess gut strukturiert ist. Außerdem bietet die Rolle der neutralen Moderation die Möglichkeit, zwischen unterschiedlichen Positionen zu schlichten. Als Nachteile können hingegen festgehalten werden, dass das Konsent-Prinzip meist ungewohnt ist und erst einmal erlernt werden muss. Zudem ist es abhängig von der Meinungsäußerung der Teammitglieder und der Qualität der Moderation.

Weitere Umsetzung von Ideen: Arbeiten mit dem Projektsteckbrief
Nach der Auswahl einer Idee zur weiteren Umsetzung erfolgen viele weitere Aktivitäten zur Ideenumsetzung, z. B. technische Entwicklungsarbeiten, weitere Marktanalysen. Dies wird in Kap. 5 beschrieben. Dies sollte innerhalb eines eigenständigen Innovationsprojekts erfolgen, um strukturiert die gesetzten Ziele in der gewünschten Qualität unter Einhaltung von Terminen und Kosten zu erreichen. Dazu sind insbesondere Zielsetzung, geplante Arbeitsinhalte und auch ein Team zu definieren, das das Projekt bearbeitet (zur Ideenumsetzung siehe auch Kap. 5).

Zur strukturierten Begleitung und Dokumentation der Arbeiten in einem Innovationsprojekt eignet sich der Projektsteckbrief, den Sie zu Beginn dieses Buches (siehe Abschn. 1.5) für Ihr Innovationsprojekt erstellt und schon pro Kapitel aktualisiert haben.

4.3 Zusammenfassung und Fazit

Für die Bewertung von Ideen ist eine sinnvolle (iterative) Systematik nötig, um zielgerichtet aus einer Vielzahl von Alternativen die vielversprechendsten auszuwählen. Die dargestellten klassischen Methoden können als Grundlage für eine objektivere Betrachtung dienen. Mit ihnen wird die Komplexität reduziert, was im Alltag hilfreich sein kann. Jedoch kann es trotzdem passieren, dass wesentliche Aspekte übersehen werden und im Endeffekt falsch bewertet wird. Die agilen Methoden versuchen im Gegensatz dazu der Komplexität durch eine systematische Integration der Kundenperspektive und einen hohen Grad an Partizipation der Beteiligten gerecht zu werden.

Man sollte sich immer wieder bewusst machen, dass eine Bewertung in den meisten Fällen nie als endgültig anzusehen ist. Die „finale Bewertung" erfolgt am Ende der Umsetzung einer Idee: Erst wenn das neue Produkt funktioniert, erfolgreich am Markt platziert ist, von Kund*innen gekauft und genutzt wird und das Unternehmen damit Geld verdient, ist der Erfolg klar erkennbar. Da aber vorher schon Bewertungen durchgeführt werden müssen, wird es immer das Dilemma geben, dass eine gründliche Analyse im Gegensatz zu begrenzter Zeit und beschränkten Ressourcen steht.

Unumgänglich sind subjektive Einschätzungen und Präferenzen, diese sollten daher stets kritisch betrachtet werden. Durch die Festlegung von Bewertungsmethoden und -kriterien und die Einbeziehung von Expert*innen im Unternehmen ist jedoch ein wichtiger Schritt für eine gründliche und möglichst objektive Ideenbewertung gemacht. Diese sollte immer Grundlage für die Ideenauswahl sein. Damit ist eine wichtige Grundlage für ein systematisches Innovationsmanagement gelegt.

Wiederholungs- und Verständnisfragen

- Warum sollte ein Unternehmen viele gute Ideen haben?
- Was sind die Ziele einer Ideenbewertung?
- Was ist das Dilemma bei der Ideenbewertung und wie kann hier das Filterkonzept helfen?
- Welche Anforderungen sind an die Vorstellenden einer Idee und an die Beteiligten der Bewertung der Idee zu stellen?
- Wann machen qualitative Bewertungsverfahren Sinn, wann quantitative?
- Welche sechs wesentlichen Kategorien für Kriterien können zur Ideenbewertung herangezogen werden?
- Wozu dient ein paarweiser Vergleich?
- Wie kann das Portfolio nach Pfeiffer für eine Ideenbewertung genutzt werden?
- Warum können in der Praxis Ideen nie zu 100 Prozent genau bewertet werden?
- Was ist bei der Ideenauswahl zu beachten?
- Warum sollten Ideen, die NICHT ausgewählt werden, trotzdem gespeichert und dokumentiert werden?
- Wie können agile Methoden die Ideenbewertung unterstützen?
- Was ist die Zielsetzung eines Kund*innen-Meetings bei der Ideenbewertung?
- Was verbirgt sich hinter dem Konsent-Prinzip?

4.4 Reflexion für die Praxis und Anwendung des Gelernten

Mit den folgenden Fragen können Sie Ihre Unternehmenspraxis bzgl. „Ideenbewertung und -auswahl" reflektieren und einen Blick auf die (künftige) Anwendung des Gelernten aus Kap. 4 werfen.

1. Wie ist bisher das Vorgehen bei der Ideenbewertung und -auswahl in Ihrem Unternehmen:

    a. Wer führt die Bewertung durch/wer ist beteiligt?

    b. Wer trifft nach der Bewertung die Auswahl/Entscheidung?

    c. Was passiert mit nicht ausgewählten Ideen?

2. Überlegen Sie: Welche Methoden werden bisher zur Ideenbewertung und -auswahl in Ihrem Unternehmen genutzt?
   - Checklisten
   - Ganzheitliche Präferenzbildung: Paarweiser Vergleich
   - Ganzheitliche Präferenzbildung: Konstantsummen-Verfahren
   - Semantisches Differenzial
   - Polarkoordinatendarstellung
   - Nutzwertanalyse
   - Wirtschaftlichkeitsrechnung
   - Technologieportfolio nach Pfeiffer
   - Kund*innen-Meeting
   - Konsent-Prinzip
   - *andere Methoden:* Bitte halten Sie stichwortartig fest, welche anderen Methoden das sind.
   - *keine:* Es werden keine Methoden zur Ideenbewertung und -auswahl genutzt.
   - *Ich weiß nicht* ob/welche Methoden zur Ideenbewertung und -auswahl genutzt werden.

3. Welche positiven, welche negativen Erfahrungen haben Sie mit den in Ihrem Unternehmen eingesetzten Methoden?

4. Insgesamt betrachtet: Welche Schwierigkeiten/Herausforderungen treten bisher bei der Ideenbewertung und -auswahl in Ihrem Unternehmen auf?

5. Was würden Sie sagen im Hinblick auf die Inhalte des Kapitels „Ideenbewertung und -auswahl":

    a. Welcher Handlungsbedarf besteht in Ihrem Unternehmen?

    b. Wer sollte hier federführend aktiv werden?

    c. Wer sollte noch miteinbezogen werden?

Zu Beginn dieses Buches (siehe Abschn. 1.5) haben Sie einen Projektsteckbrief für Ihr Innovationsprojekt erstellt und schon pro Kapitel aktualisiert. Nun geht es darum, dass Sie das Gelernte aus Kap. 4 auf Ihr Innovationsprojekt übertragen. Prüfen Sie, ob Sie Ihren Projektsteckbrief ergänzen oder detaillieren sollten. Betrachten Sie insbesondere die Rubriken „Bewertung und Auswahl der Projektidee", „Beteiligte Personen/Abteilungen im Projekt" und „Weitere Anmerkungen".

Nutzen Sie erneut das Quiz, das Sie zum Start des Kapitels ausgefüllt haben. Welche Fragen würden Sie nun anders beantworten? Überprüfen Sie Ihr Quiz abschließend anhand der Quiz-Lösungen.

Literatur

AOE GmbH (2018) Wie bringe ich meine Kunden dazu, agil zu arbeiten? https://www.aoe.com/de/blog/wie-bringe-ich-meine-kunden-dazu-agil-zu-arbeiten-000793.html. Zugegriffen am 19.04.2022

Bartonitz M, Lévesque V, Michl T, Steinbrecher W, Vonhof C, Wagner LFJ (2018) Agile Verwaltung. Wie der Öffentliche Dienst aus der Gegenwart die Zukunft entwickeln kann. Springer Gabler, Berlin/Heidelberg

Beedle M, van Bennekum A, Cockburn A, Cunningham W, Fowler M, Highsmith J et al. (2001) Manifest für Agile Softwareentwicklung. Prinzipien hinter dem Agilen Manifest. http://agilemanifesto.org/iso/de/principles.html. Zugegriffen am 18.04.2022

Brockhoff K, Brem A (2021) Forschung und Entwicklung. Planung und Organisation des F&E-Managements, 6., vollst. überarb. Aufl. de Gruyter Oldenbourg (De Gruyter Studium), Berlin/Boston

Cooper RG (2008) Perspective: the Stage-Gate ® idea-to-launch process – update, what's new, and NexGen systems. J Prod Innov Manag 25(3):213–232. https://doi.org/10.1111/j.1540-5885.2008.00296.x

Eckstein J, Buck J, Talamona M (2020) Unternehmensweite Agilität. Wie Sie Ihr Unternehmen mit den Werten und Prinzipien von Agilität, Beyond Budgeting, Open Space und Soziokratie fit für die Zukunft machen. Unter Mitarbeit von John Buck und Martin Talamona, 1. Aufl. Franz Vahlen, München

Ehrlenspiel K, Meerkamm H (2013) Integrierte Produktentwicklung. Denkabläufe, Methodeneinsatz, Zusammenarbeit, 1. Aufl. Carl Hanser Fachbuchverlag, München

Endenburg G (1992) Königsweg zwischen Diktatur und Demokratie. In: Fuchs J (Hrsg) Das biokybernetische Modell: Unternehmen als Organismen. Gabler, Wiesbaden

Grant A (2021) Persuading the Unpersuadable. Harv Bus Rev, S 131–135. https://hbr.org/2021/03/persuading-the-unpersuadable. Zugegriffen am 02.03.2022

Gugel D (2019) Wie entscheidet ein agiles Team, wenn es keine Entscheidungen treffen kann? #Scrum. https://focus.sva.de/entscheidungsfindung-in-einem-team-das-keine-entscheidungen-treffen-kann/. Zugegriffen am 19.04.2022

Papula L (2018) Mathematik für Ingenieure und Naturwissenschaftler, 15., überarb. Aufl. Springer Vieweg, Wiesbaden/Heidelberg

Pfeiffer W, Metze G, Schneider W, Amler R (1982) Technologie-Portfolio zum Management strategischer Zukunftgeschäftsfelder, 1. Aufl. Vandenhoeck & Ruprecht (Innovative Unternehmensführung), Göttingen, S 7

Pleschak F, Sabisch H (1996) Innovationsmanagement. Schäffer-Poeschel, Stuttgart

Robertson BJ (2016) Holacracy. Ein revolutionäres Management-System für eine volatile Welt. Franz Vahlen, München

Rüther C (2019) Werkzeugkiste (59): Gruppenentscheidungsverfahren für Teams. Organisations-Entwicklung (2). https://www.soziokratie.org/wp-content/uploads/2021/03/ZOE-02-2019-Gruppenentscheidungen-in-Teams-ChristianRuether.pdf. Zugegriffen am 19.04.2022

Schlicksupp H (1988) Produktinnovation. Wege zu innovativen Produkten u. Dienstleistungen, 1. Aufl. Vogel (Management-Wissen), Würzburg

Schumacher T, Wimmer R (2019) Der Trend zur hierarchiearmen Organisation. Zur Selbstorganisationsdebatte in einem radikal veränderten Umfeld. OrganisationsEntwickl (2):12–18. Handelsblatt Media Group, Hamburg

Storz S (2014) Das agile Projekt – was heißt das für Kunden? Hrsg. v. eStrategy Magazin. https://www.estrategy-magazin.de/das-agile-projekt-was-heisst-das-fuer-kunden.html. Zugegriffen am 19.04.2022

Strauch B, Reijmer A, Endenburg G (2018) Soziokratie. Kreisstrukturen als Organisationsprinzip zur Stärkung der Mitverantwortung des Einzelnen. Franz Vahlen, München

Thom N (1980) Grundlagen des betrieblichen Innovationsmanagements, 2. Aufl. Hanstein, Königstein/Ts

Vahs D, Brem A (2015) Innovationsmanagement. Von der Idee zur erfolgreichen Vermarktung, 5., überarb. Aufl. Schäffer-Poeschel, Stuttgart

Wöhe G, Döring U, Brösel G (2020) Einführung in die allgemeine Betriebswirtschaftslehre, 27., überarb. und ak. Aufl. Franz Vahlen (Vahlens Handbücher der Wirtschafts- und Sozialwissenschaften), München

Wübbenhorst K (2018) semantisches Differenzial. https://wirtschaftslexikon.gabler.de/definition/semantisches-differenzial-45814/version-269102. Zugegriffen am 28.02.2022.

Ideenumsetzung

5

In der Umsetzungsphase werden die vorher ausgewählten Ideen umgesetzt. Hier spielen Produktentwicklung, Aufbau von Produktion, Logistik und Vertriebswegen und eine geeignete Innovationskommunikation eine wichtige Rolle und weiterhin die Markteinführung.

Lernziele für dieses Kapitel: Die Leserinnen und Leser …

- haben ein Grundverständnis über die Inhalte der technischen Ideenumsetzung (Produktentwicklung),
- verstehen die Notwendigkeit von Projektmanagement für die Produktentwicklung,
- wissen, wie man innerhalb des Innovationsprozesses geeignete Kommunikationsmethoden intern und extern einsetzen kann,
- wissen, was bei der Markteinführung von Innovationen zu beachten ist.

Nutzen Sie für dieses Kapitel das Lerntagebuch – http://www.hs-pforzheim.de/IMBuch.

Beantworten Sie die Fragen des Quiz zum Kapitel. Die Überprüfung findet erst am Ende des Kapitels statt.

In Abb. 5.1 finden Sie das Gesamtbild „Ambidextres Innovationsmanagements in KMU". Das Kap. 5 ist hier in der letzten Phase des Innovationsprozesses zu verorten.

5.1 Produktentwicklung/technische Ideenumsetzung

An der Ideenumsetzung arbeiten viele unterschiedliche Fachbereiche im Unternehmen mit. Ein wichtiger Schwerpunkt ist dabei die technische Umsetzung einer Idee in ein Produkt. Dazu findet eine Produktentwicklung statt, also der „Tätigkeit, ein Produkt weiter oder neu zu entwickeln" (Engeln 2019, S. 17).

© Der/die Autor(en) 2023
C. Lang-Koetz et al., *Ambidextres Innovationsmanagement in KMU*,
https://doi.org/10.1007/978-3-662-66458-2_5

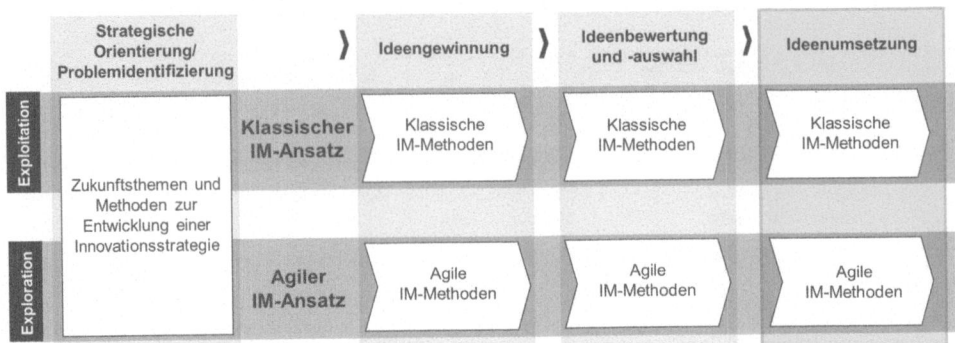

Abb. 5.1 Gesamtbild „Ambidextres Innovationsmanagement in KMU" – Verortung des Kap. 5 (entwickelt im Forschungsprojekt InnoDiZ; Phasenmodell aufbauend auf Pleschak und Sabisch 1996; Thom 1980; Vahs und Brem 2015)

Je nach Branche und Fachgebiet sind Entwicklungsarbeiten unterschiedlich gestaltet. Typische Tätigkeiten sind:

- Generierung von Ideen zur technischen Umsetzung der gestellten Anforderungen
- Recherche und Vergleich von Materialien, auch über Laborversuche
- technische Berechnungen und Auslegung von Komponenten
- Durchführung chemischer und physikalischer Laboranalysen
- Erstellen von Computermodellen und Durchführung von Simulationen
- Auslegung von Komponenten und Erstellung von Konstruktionszeichnungen
- Bau von Prototypen als erste physische Umsetzung des geplanten Produkts
- Durchführung von Tests zur Prüfung von Funktionen oder Belastungen
- Erarbeitung eines Produktionskonzepts für das geplante Produkt

Folgende Aspekte spielen bei der Produktentwicklung eine herausragende Rolle:

Es wird zumeist *eine iterative Herangehensweise unter der Nutzung von Prototypen und Tests* gewählt, um technische Lösungen für die gestellten Anforderungen zu finden und umzusetzen.

Sobald erste Ideen für eine Umsetzung der Innovationsidee vorliegen, werden *Prototypen* entwickelt, konstruiert, gebaut und getestet (vgl. König 1993). Daraus werden Verbesserungsmöglichkeiten abgeleitet, die wieder in die Entwicklung einfließen. Ein neuer Prototyp wird umgesetzt und wiederum getestet, bis ein Produkt entsteht. Prototypen werden genutzt, um Nutzer*innen in die Entwicklung einzubinden und damit die Kundenbedürfnisse optimal zu adressieren. Sie dienen auch als wichtiges Kommunikationsmittel, denn anhand eines „greifbaren" Prototypen können auch Fachfremde ihre Vorstellungen über ein neues Produkt besser kommunizieren. Insofern spielen Prototypen auch bei agilen Methoden und insbesondere beim Design Thinking eine wichtige Rolle (siehe Abschn. 3.4).

Im Normalfall müssen in der technischen Ideenumsetzung *umfangreiche Tests* durchgeführt werden: Dabei sind einerseits Funktionstests nötig, um zu gewährleisten, dass (die je nach Branche und Anwendungsgebiet unterschiedlichen) Standards erfüllt werden und das Produkt die dort definierten technischen Anforderungen erfüllt. Andererseits dienen Tests dazu, Kundenfeedback einzuholen und so die Markttauglichkeit zu überprüfen (vgl. Smith 2015). Insofern stellen sie die Grundlage für die Weiterentwicklung des Produkts dar. Im Endeffekt nutzt man Tests, um herauszufinden, ob das geplante Produkt praxis- und serientauglich ist und bekommt Hinweise auf Optimierungsmöglichkeiten. In Branchen mit hohen Sicherheitsanforderungen (z. B. Medizintechnik, Luftfahrtindustrie) sind Tests besonders aufwändig und können sehr lange dauern.

Essenziell ist die *Umsetzung der Produktion* des zukünftigen Produkts. Die Produktherstellung muss effizient und mit hoher Produktivität erfolgen, damit das Produkt die nötigen Anforderungen an Funktionen und Qualität erfüllt und die gesetzten Kostenziele erreicht werden. Der Produktionsaufbau ist oft ein langfristiger und komplexer Prozess – und wird maßgeblich durch die vorgeschalteten Phasen des Innovationsprozesses beeinflusst. Wenn Entwickler*innen planen, wie ein Produkt gestaltet sein soll, dann werden dabei gleichzeitig Entscheidungen darüber getroffen, wie es später einmal produziert werden muss. Daher sollte man sich frühzeitig mit Produktionsfachleuten austauschen, um Produktionsmöglichkeiten zu besprechen und zu planen. Eine koordinierte Vorgehensweise dieser Übergangsphase, oft auch als Serienanlauf-Management bezeichnet, macht hier auf jeden Fall Sinn.

Ein weiterer wichtiger Punkt bei der Ideenumsetzung ist zudem der mögliche *Schutz des geistigen Eigentums*. Zu erwähnen sind insbesondere die Möglichkeiten, die ein Patent bietet. Wer ein Patent auf eine Erfindung hält, kann anderen die Nutzung dieser Erfindung untersagen, bzw. für die Nutzung ein Entgelt verlangen. Die Patentinhaber*innen erhalten das alleinige Recht, die durch sie geschützte Erfindung herzustellen, anzubieten, in Verkehr zu bringen, zu gebrauchen oder zu besitzen (vgl. Patentgesetz 2021, § 9). Ein Patent gilt für das Land, für das es erteilt wurde, in Deutschland (und den meisten anderen Ländern) 20 Jahre lang. Es empfiehlt sich, schon frühzeitig im Innovationsprozess (also nicht erst in der Ideenumsetzung) zu prüfen, ob eine Idee zum Patent angemeldet werden kann. Da das Thema aus rechtlicher Sicht sehr komplex ist, empfiehlt es sich, hierzu ggf. Patentanwält*innen als Fachleute hinzuzuziehen. Neben dem Patent gibt es noch andere Möglichkeiten, Produktideen zu schützen wie beispielsweise Gebrauchsmuster, Marke oder Design.

Dies zeigt: Produktentwicklung ist oft mit großem Aufwand an Zeit, Materialien, technischen Einrichtungen und Personal verbunden. Entwicklung kann daher, je nach Komplexität und „Neuheit" für das Unternehmen, lange dauern und teuer sein. Dies sollte schon bei der Bewertung von Innovationsideen und der Planung eines Innovationsprojekts berücksichtigt werden. Es kann auch sinnvoll sein, bei der Ideenumsetzung mit Partnern zusammenzuarbeiten, um Know-how und Ressourcen zu bündeln.

5.2 Markteinführung und Innovationsmarketing

Zur Planung der Markteinführung eines neuen Produkts bzw. einer neuen Lösung sollten folgende zentrale Aspekte berücksichtigt werden (in Anlehnung an Homburg 2017):

- Wann soll das neue Produkt eingeführt werden?
- Welche Kundensegmente und Zielgruppen werden adressiert und wie soll diesen die neue Lösung (bzw. deren Nutzen) vermittelt werden?
- Wie können Innovatoren und frühe Adoptoren gefunden und eingebunden werden?
- Wie soll generell die Kommunikation der Lösung erfolgen?
- Welche Markteintrittsbarrieren können bestehen?
- Welche Partner sind evtl. nötig?

In der *Markteintrittsstrategie* wird die Frage, wann das neue Produkt eingeführt werden soll, adressiert (Pionier vs. Folger). Diese wurde schon in Abschn. 2.1 diskutiert.

Eine zentrale Rolle spielt die Definition von Zielgruppen und die Abgrenzung von Kundensegmenten: Zunächst sollten die *Zielgruppen* bestimmt werden. Damit wird festgelegt, wen die Innovation adressieren soll und welche Kund*innengruppen im Fokus stehen sollen. Sie können auch gut über Personas beschrieben werden (siehe Abschn. 3.4).

Kundensegmente dienen der Einteilung möglicher Kund*innen in Gruppen mit bestimmten Eigenschaften. So können beispielsweise diejenigen Kund*innen in einem Segment betrachtet werden, die (vgl. Osterwalder und Pigneur 2013)

- ähnliche Bedürfnisse haben bzw. für deren Bedürfnisse das Angebot am besten passt (z. B. Personen, die gerne Fußball spielen),
- über ein bestimmtes Set von Vertriebskanälen erreicht werden können,
- mit denen man über eine bestimmte Art in Beziehung treten kann (z. B. persönliche Erreichbarkeit über Anwesenheit auf Sport-Events),
- ein bestimmtes Profitabilitätsniveau aufweisen (z. B. Premium- vs. Standardangebote),
- eine bestimmte Zahlungsbereitschaft für ein Angebot haben.

Ein Beispiel für eine Kund*innengruppe könnte sein: alle 35–45-jährigen Fußballbegeisterten, die mind. 200 EUR pro Jahr für Sportartikel ausgeben.

Diese Festlegung sollte nicht erst am Ende, sondern schon frühzeitig im Verlauf des Innovationsprozesses erfolgen. Sie bildet auch die Grundlage für die Frage, welche Kundensegmente zuerst angegangen werden sollen, wenn das neue Produkt bzw. die neue Lösung auf den Markt gebracht wird.

Wie wird nun ein Produkt vom gesamten Markt aufgenommen? Dazu betrachtet man die *Diffusion*, also die „Ausbreitung von Innovationen im Markt im Zeitverlauf" (Homburg 2017, S. 593). Dabei sind unterschiedliche Personengruppen über den Zeitverlauf beteiligt (vgl. Rogers 2003, S. 282 ff.), die in dieser Reihenfolge Innovationen adaptieren bzw. kaufen:

- Innovatoren sind begeisterte Nutzer*innen, die gerne neue Dinge ausprobieren. Sie gehen dabei auch Wagnisse und Risiken ein und akzeptieren, wenn eine Neuheit nicht gleich erfolgreich ist.
- Frühe Adoptoren sind normalerweise gut in der Gemeinschaft integriert und in Bezug auf ihre Einstellung zu Innovationen nicht weit von anderen Menschen entfernt. Sie

probieren jedoch gerne neue Dinge aus und entscheiden sich häufig früher für den Kauf einer neuen Lösung. Ihre Empfehlungen werden gerne von anderen Personen der Gemeinschaft angenommen.

- Darauf folgen die frühe und späte Mehrheit und die Nachzügler, sie stellen die große Mehrheit der Nutzer*innen dar und treffen ihre Entscheidung meist erst nach längerem Überlegen und sorgfältiger Abwägung. Sie entscheiden sich erst, wenn es nur noch wenige Unsicherheiten über die Möglichkeiten, Funktionsfähigkeit und den Nutzen einer neuen Lösung gibt. Oft ahmen sie das Verhalten anderer nach.

Informationen über neue Produkte werden in vielen Fällen über einen persönlichen Meinungsaustausch zwischen Meinungsführern (wie Innovatoren oder frühe Adoptoren) und Meinungsfolgern weitergegeben (vgl. Homburg 2017). Damit haben Innovatoren und frühe Adoptoren großen Einfluss auf potenzielle Folgekäufer*innen und können als wichtige Ansprechpersonen bei der Markteinführung dienen. Nutzer*innen, die diese Rolle einnehmen, sollten daher früh identifiziert, angesprochen und in die Innovationsaktivitäten (insbesondere die Markteinführung) der geplanten Innovation einbezogen werden. Sie können dabei unterstützen, die frühe und späte Mehrheit zu informieren und zu überzeugen.

Eine zentrale Rolle bei der Markteinführung spielt die *Innovationskommunikation*. Darunter versteht man die „systematisch geplante, durchgeführte und evaluierte Kommunikation" von Innovationen „mit dem Ziel, Verständnis für und Vertrauen in die Innovation zu schaffen und die dahinter liegende Organisation als Innovator zu positionieren" (Zerfaß und Huck 2007, S. 848). Sie dient zur externen und internen Vermarktung von Innovationen.

Der Fokus der *externen Innovationskommunikation* liegt auf Stakeholdern außerhalb des Unternehmens. Der Nutzen neuartiger Produkte und Lösungen ist oft für Nutzer*innen/Kund*innen und Lieferanten, Geschäftspartner und Händler des Unternehmens nicht gleich erkennbar. Viele Menschen sind grundsätzlich erst einmal skeptisch, wenn sie mit neuen Produkten, Herangehensweisen oder überhaupt Veränderungen zu tun haben. Dies kann daher zu Zurückhaltung und sogar Ablehnung führen.

Es gilt also den Nutzen der geplanten Innovation klar darzustellen und möglicher Skepsis oder Ängsten zu begegnen. Schlussendlich muss aktiv Marketing für die Innovation betrieben werden, um sie erfolgreich an den Markt zu bringen. Die Kommunikation dazu kann auf unterschiedliche Arten erfolgen: im persönlichen Gespräch, über Meetings, Präsentationen, Workshops, Events oder Messen. Auch können Email-Nachrichten, Informationsmaterialien, Intranet, Websites, soziale Medien oder Audiobotschaften, Podcasts und Videos genutzt werden.

Wichtig ist dabei, Vorteile der Innovation glaubwürdig aufzuzeigen. Einsatz- und Anwendungsoptionen für die Innovation sollten anhand einfacher und plastischer Beispiele dargestellt werden. Der Mehrwert sollte mit Bezug zu aktuellen Themen und Problemen der Nutzer*innen gezeigt werden, einschließlich damit verbundener Kosten und Preise (vgl. Vahs und Brem 2015). Insofern ist die externe Innovationskommunikation ein wichtiger Teil des *Innovationsmarketings*.

Wie nimmt nun ein*e Nutzer*in ein neues Produkt oder eine neue Lösung auf? Dazu betrachten wir die sog. *Adoption einer Innovation*. Darunter versteht man „den

schrittweisen Prozess der Übernahme (Adoption) einer Innovation (…) durch einen Nach-
frager" (Homburg 2017, S. 592). Er ist in folgende Schritte unterteilt (vgl. Meffert
et al. 2019):

1. Aufmerksamkeit/Wahrnehmung: Der/die potenzielle Kunde/Kundin realisiert, dass es
   das Produkt gibt (z. B. über Werbemaßnahmen), hat aber noch keine oder wenig Informationen dazu.
2. Zeigt er oder sie Interesse am Thema, so holt er/sie weitere Informationen ein, um sich
   ein genaues Bild zu verschaffen.
3. Dann wird das Produkt bewertet: Es findet eine Urteilsbildung auf Basis vorhandener
   Informationen statt.
4. Es folgt ein erster Versuch mit dem Produkt oder ein Probekauf: Die Erkenntnisse daraus werden als Grundlage für eine endgültige Einschätzung genutzt.
5. Ist der Kunde bzw. die Kundin vom Produkt überzeugt, folgt die Übernahme/bei Mas-
   senprodukten der regelmäßige Konsum.

Eine erfolgreiche Adoption bedeutet also: ein*e Konsument*in entschließt sich zum Kauf
einer Innovation. Der Adoptionsprozess stellt eine wichtige Basis für die Innovationskommunikation dar. Er ist von unterschiedlichen Themen geprägt, insbesondere von individuellen Voraussetzungen (z. B. Alter, Einkommen) und allgemeinen Aspekten (v. a. Normen,
Werte, kulturelle Prägung) (vgl. Meffert et al. 2019).

Der Adoptionsprozess kann dann in den jeweiligen Phasen unterstützt werden, zum
Beispiel durch die Bereitstellung von Informationen, damit die Nutzer*innen das Produkt
auch gut bewerten können.

Übung 5: Adoptionsgruppen

Betrachten Sie nun einen der Märkte oder eine der Produktgruppen Ihres Unternehmens und deren typische Kunden.

- Wie könnte man diese Kunden den Adoptionsgruppen (Innovatoren, frühe Adoptoren, frühe/späte Mehrheit, Nachzügler) zuordnen? Geben Sie dazu Beispiele an.
- Beschreiben Sie stichwortartig: was zeichnet diese Kunden/Kundengruppen in Ihrem spezifischen Fall aus?
- Welche Erfahrungen haben Sie mit ihnen gemacht, wenn Sie neue Produktideen
  diskutieren oder sogar erproben lassen wollten?

Unter http://www.hs-pforzheim.de/IMBuch finden Sie weitere Informationen sowie
Vorlagen zur Dokumentation Ihrer Ergebnisse. ◄

Eine geeignete externe Innovationskommunikation muss sich am Innovationsprozess
orientieren. Hinweise für die Praxis dazu finden sich in Tab. 5.1.

Tab. 5.1 Wichtige Aspekte bei der externen Innovationskommunikation während des Innovationsprozesses (aufbauend auf Vahs und Brem 2015, S. 419 ff.)

Phase	Funktion von Innovationskommunikation	Zu beachtende Punkte
Strategische Orientierung/ Problemidentifizierung	Einbindung Externer bei der Ermittlung von Zukunftsfeldern und möglicher zu lösender Probleme aus Kundensicht	Persönliche Ansprache von Personen mit „Weitblick" und Abstraktionsvermögen, Diskussion über Zukunftsthemen (über tagesaktuelle Probleme hinaus)
Ideenphase	Unterstützung bei der Suche nach Ideen durch Externe (Kunden, Lieferanten, Lead User, Forschungsinstitute etc.) über persönliche Interaktion oder Ideenplattformen, dazu Bekanntgabe einer Problemstellung	Eine offene Suche ermöglicht zusätzlichen Input und stellt Unternehmen als innovativ im Außenraum dar, gibt aber auch Informationen an Wettbewerber preis
Bewertungs- und Auswahlphase	Hinzuziehung externer Expert*innen bei der Bewertung von Ideen, Integration der Nutzer*innenperspektive	Ideen sollten nur im vertraulichen Rahmen besprochen werden (Geheimhaltung, evtl. vorher Patentanmeldung)
Umsetzungsphase	Einbindung von externen Firmen und Partnern, insbes. für Entwicklung, Produktion, Logistik, Marketing; kontinuierliche Information über den Stand der Dinge, Bewerbung der Innovation über „Marketing-Mix"	Klare Definition und Bekanntmachung, welche Informationen von wem wann weitergegeben werden dürfen

Wie sieht es nun innerhalb des Unternehmens aus? Mitarbeitende spielen hier eine wichtige Rolle, um die Innovation intern umzusetzen, interne Prozesse anzupassen oder neu auszurichten und schlussendlich auch aktiv auf mögliche Kund*innen zuzugehen. Es bedarf einer umfassenden Unterstützung im Unternehmen, um die geplante Innovation erfolgreich an den Markt zu bringen. Daher sind Mitarbeitende, Fach- und Führungskräfte, Geschäftsleitung und Eigentümer*in einzubinden und zu aktiven Mitspieler*innen zu machen. Dafür ist eine gut gestaltete *interne Innovationskommunikation* nötig, um mögliche Bedenken zu adressieren, Unsicherheiten zu reduzieren und Widerstände zu überwinden.

Weiterhin sollte festgelegt werden, in welchen Regionen die Innovation/entwickelte Lösung eingeführt werden soll und in welcher Abfolge.

Markteintrittsbarrieren können die Markteinführung erheblich erschweren oder sogar verhindern. Dabei kann es sich um folgende Dinge handeln (vgl. Porter 2013):

- Kostenvorteile durch Economies of Scale
- größenunabhängige Kostenvorteile
- Produktdifferenzierungsvorteile
- Kapitalerfordernisse
- Umstellungskosten der Kunden
- Zugang zu wichtigen Vertriebskanälen
- staatliche Politik

Beispiele hierfür sind:

- Unternehmen können Strategien nutzen, die zu einer starken Bindung der Kunden führen (Lock-in-Effekt), z. B. durch Kombination von Produkt und Betriebsmittel wie Drucker und Druckerpatronen.
- Bietet man eine neue Dienstleistung an (z. B. Wartung und Reparatur von Maschinen), dann kann es schwerfallen, neue Kunden zu bekommen, da das Vertrauen der potenziellen Nutzer*innen in den bisherigen Dienstleister evtl. größer ist (emotionale Kundenbindung).
- Wenn ein Unternehmen bereits abgeschriebene Gebäude und Maschinen für die Herstellung seiner Produkte nutzen kann, dann hat es einen absoluten Kostenvorteil.
- Im internationalen Handel gibt es oft Wettbewerbsbeschränkungen wie Schutzzölle, Exportsubventionen und staatliche Importkontingente.
- Branchenspezifische Regularien können umfangreiche Zulassungsanforderungen und Tests erfordern, z. B. in der Medizintechnik oder der Luftfahrtindustrie.
- Bestehende Player im Markt bieten vielleicht keine attraktiven Lösungen für Kund*innen an, haben aber die Vertriebskanäle sehr gut etabliert und somit einen Wettbewerbsvorteil.

Es müssen frühzeitig Strategien entwickelt werden, wie mit solchen Barrieren umgegangen werden kann.

Zur Einführung einer Innovation am Markt kann es daher Sinn machen, *Partner* einzubinden.

Beispielsweise kann es KMU schwerfallen, einen guten Zugang zu einer großen Zahl von Kund*innen zu erreichen. Hier könnte ein starker Vertriebspartner unterstützen während sich das Unternehmen selbst auf Produktentwicklung und -herstellung fokussiert.

5.3 Klassische Methoden zur Organisation der Ideenumsetzung

Ideenumsetzung bedeutet also, eine Vielzahl von Aktivitäten durchzuführen – und diese müssen auch in geeigneter Form organisiert werden. Die Umsetzung einer Innovation findet im Normalfall über ein „Projekt" statt.

Sind schon konkrete Anforderungen an das zukünftige Produkt bzw. die zukünftige Lösung bekannt, so können die Methoden des „klassischen" Projektmanagements genutzt werden, damit die Ziele erreicht sowie Termine und Kosten eingehalten werden (zu „agilen Methoden": siehe Ausführungen in Abschn. 5.4). Dabei werden Methoden wie das Wasserfallmodell, Meilenstein-Trendanalyse oder die Bestimmung des kritischen Pfades genutzt (vgl. McBride 2016).

In Innovationsprojekten arbeiten meist Personen aus unterschiedlichen Unternehmensbereichen und Fachdisziplinen zusammen (insbesondere Entwicklung, Produktion, Einkauf, Distribution, Vertrieb, Marketing). Das Team wird im Allgemeinen von einem Projektleiter oder einer Projektleiterin angeführt. Generell beginnt eine Ideenumsetzung mit einer Aufgabe, die an ein Projektteam oder einen Unternehmensbereich erteilt wird.

Die Anforderungen des (internen oder externen) Auftraggebers sind zunächst in einem Lastenheft zusammenzustellen. Es beschreibt „alle Anforderungen des Auftraggebers" an die zu entwickelnde Lösung und „definiert WAS und WOFÜR zu lösen ist". Es handelt sich also um eine Beschreibung der Wünsche und Forderungen an das Produkt/die Lösung in der „Sprache des Nutzers/der Nutzerin" (VDI-Fachbereich Technische Logistik 2001, S. 2).

Ist das Lastenheft erstellt, so antwortet der ausführende Bereich im Unternehmen als Auftragnehmer mit der Erstellung des Pflichtenhefts: Es enthält eine „Beschreibung der Realisierung aller Anforderungen des Lastenheftes", dort wird „definiert WIE und WO-MIT die Anforderungen zu realisieren sind" (VDI-Fachbereich Technische Logistik 2001, S. 3). Es enthält eine Zeit- und Arbeitsplanung, benötigte Arbeitsschritte mit angestrebten Endterminen, Verantwortlichkeiten und Meilensteine.

Die beiden Dokumente werden dabei jeweils von der anderen Seite durchgesehen und abgenommen (siehe auch Brockhoff und Brem 2021). Lasten- und Pflichtenheft dienen somit dazu, die Umsetzung einer Innovationsidee zu konkretisieren und die Kund*innen- und Nutzer*innenperspektive mit der Entwickler*innenperspektive zusammenzubringen.

Im Verlauf des Projekts erfolgt eine transparente Darstellung wichtiger Ereignisse für das Projektteam und die Stakeholder des Projekts. In Phasenentscheidungen wird überprüft, ob der jeweils angestrebte Meilenstein wirklich erreicht worden ist: Dazu wird der aktuelle Projektstand offen dargestellt und die bisherigen Erfolge und Misserfolge werden kritisch beleuchtet und in Form von „lessons learned" Schlussfolgerungen gezogen.

Planungsziele und erreichte Ergebnisse einer Projektphase werden somit verglichen und bewertet (Soll-Ist-Vergleich). Auch wird überprüft, ob sich äußere Bedingungen (insbesondere Marktanforderungen und regulatorische Rahmenbedingungen) verändert haben. Bei Bedarf wird die Zeit- und Arbeitsplanung überarbeitet. Das Projekt sollte abgebrochen werden, wenn der erwartete Gesamtaufwand nicht mehr im Verhältnis zum erwarteten Nutzen steht.

Weitere methodische Hinweise zum klassischen Projektmanagement gibt es auf der Website „Pete der Projektleiter": In diesem an der Hochschule Pforzheim entwickelten Kurs können Methoden des klassischen Projektmanagements über gut aufbereitete Videos erlernt werden. Der Kurs steht allen Interessierten kostenlos zur Verfügung unter: https:// petederprojektleiter.hs-pforzheim.de/

5.4 Agile Methoden zur Organisation der Ideenumsetzung

Agile Methoden eignen sich vor allem dann, wenn die Anforderungen an die Innovation nicht klar definiert werden können und eine potenziell radikale oder disruptive Innovation umgesetzt werden soll. Bei der Umsetzung im Projekt hat sich dabei insbesondere SCRUM als Methode etabliert (vgl. Schwaber und Sutherland 2016). Unter SCRUM versteht man ein Rahmenwerk, das Bedingungen festlegt, in welchem sich die Anwender*innen möglichst frei bewegen können.

Die Grundprinzipien der SCRUM-Methode liegen in den zwölf Prinzipien des agilen Manifests (vgl. Beedle et al. 2001). Diese Prinzipien fasst Riedel hierbei in folgende Grundbausteine zusammen: Iteration, Kund*innen- und Anforderungsorientierung, Flexibilität, Einfachheit, enge und vertrauensvolle Zusammenarbeit, Selbstorganisation und Selbstreflexion (vgl. Riedel 2017, S. 26).

SCRUM beruht auf einer iterativen und inkrementellen Vorgehensweise. Mittels Iterationen mit anschließenden Reflexionen soll im Entwicklungsprozess möglichst flexibel auf Kund*innenwünsche und -anforderungen eingegangen werden. Anders als in der Wasserfallmethode, bei der ein detaillierter Plan als Maßgabe für den Entwicklungsprozess dient, sind innerhalb von SCRUM Abweichungen durch neue Impulse nach jeder Iteration sogar erwünscht (vgl. Preußig 2020, S. 147). Ein weiterer wichtiger Aspekt im Entwicklungsprozess ist die Einfachheit. Produkte sollen in ihrer Handhabung möglichst einfach sein und sich auf die wesentlichen Kund*innenwünsche konzentrieren.

Basis einer erfolgreichen Anwendung von SCRUM ist die agile Zusammenarbeit im Team. Zu den Grundannahmen von SCRUM gehört, dass Mitarbeitende motivierter sind, wenn sie die Möglichkeit zur kreativen Beteiligung haben. Enger Austausch, gegenseitiges Vertrauen, Selbstorganisation und -reflexion spielen hierbei eine wichtige Rolle. Entscheidungen werden unter Einbezug aller Teammitglieder getroffen.[1] Gleichzeitig sollte auf die selbstgesteuerte Arbeitsweise des Teams vertraut werden. Die Schaffung von Rahmenbedingungen zur Gewährleistung von Freiraum anstelle von Mikromanagement ist hier maßgeblich (vgl. Gloger und Margetich 2018, S. 61).

Der SCRUM-Prozess lässt sich durch die drei zentralen Elemente Inkrement, Product Backlog und Sprint Backlog beschreiben (vgl. Preußig 2020, S. 136–138). Er startet mit der Festlegung des Product Backlogs, welches alle nötigen Kund*innen-Anforderungen zur Entwicklung des Produktes liefert. Danach beginnt die gemeinsame Planung des ersten Sprints und die Definition des dazugehörigen Sprint Backlogs. Dafür werden Kund*innen-Anforderungen aus dem Product Backlog entnommen und anschließend als konkrete Aufgaben formuliert. In den meist vierwöchigen Iterationen werden mithilfe der Sprint Backlogs Inkremente, also potenziell auslieferbare Produkte, entwickelt.

Nach Ende eines Sprints werden im Sprint Review die bis dahin entwickelten Inkremente präsentiert und gegebenenfalls von Stakeholdern oder Kund*innen kommentiert. In der darauffolgenden Sprint Retrospektive wird die Zusammenarbeit des Teams reflektiert und es werden Änderungsvorschläge zur Anwendung im nächsten Sprint diskutiert. Das Daily SCRUM bezeichnet ein Tool zum täglichen Austausch, was bei der Koordination des Sprints unterstützend wirkt (vgl. Preußig 2020, S. 137–147). Mit notwendigen Wiederholungen dieses Regelzyklus und der Entwicklung aufeinander aufbauender Inkremente über mehrere Sprints, entsteht schrittweise ein fertiges Produkt (vgl. Gloger und Margetich 2018, S. 61).

Für die Umsetzung dieses SCRUM-Prozesses ist das SCRUM Team verantwortlich, welches die drei Rollen SCRUM Master, Product Owner und Development Team

---

[1] Siehe dazu unter Kap. 4: Das Konsent-Prinzip.

umfasst (vgl. Gloger und Margetich 2018, S. 62). Der SCRUM Master hat die Aufgaben der Überwachung aller SCRUM-Vorschriften im Team, die Stärkung und Verbesserung der Teamzusammenarbeit sowie die Beseitigung von Hindernissen, die auf das Team zukommen könnten. Der Product Owner verfügt durch seine Kundennähe über das Wissen der Kund*innen-Anforderungen und ist daher für das Product Backlog verantwortlich.[2] Die Produktentwickler*innen bilden schließlich das Development Team, welche die konkretisierten Aufgaben gemäß dem Sprint Backlog (technisch) umsetzen (vgl. Preußig 2020, S. 140–143).

Im Zusammenhang mit dem Vorgehen nach der SCRUM-Methode wird dabei gerne auf die Visualisierung der einzelnen Projektstände mittels der Nutzung von KANBAN Boards zurückgegriffen. KANBAN ist der japanische Ausdruck für „visuelles Signal" und kommt ursprünglich aus dem Bereich des Lean Managements. Bei KANBAN dreht sich alles um das Visualisieren von Aufgaben, das Begrenzen laufender Arbeiten und das Maximieren der Effizienz (oder des unterbrechungsfreien Arbeitens). KANBAN Teams konzentrieren sich darauf, ein Projekt (oder eine User Story) möglichst schnell abzuschließen (vgl. Rehkopf o.J.).

Praxisbeispiel: Technische Umsetzung von Innovationsideen bei der Firma RasenfitKOCH

RasenfitKOCH hat in der Vergangenheit viele erfolgreiche Produktinnovationen auf den Markt gebracht. Bei den meisten davon wurden vorhandene Produktfunktionen stark verbessert oder abgeändert. So wurde beispielsweise die Effizienz des Rasenmäher-Motors immer weiter erhöht, das Design wurde professionell neugestaltet, das Gewicht der Geräte wurde über Leichtbauweise reduziert. Technische Entwicklungen werden von der F&E-Abteilung, einem kleinen Team von Ingenieur*innen, unter der Leitung von Frau Dr. Gavriushyna durchgeführt.

Die technische Umsetzung von Innovationsideen hat RasenfitKOCH folgendermaßen organisiert:

- Produktentwicklungsprozess (exploitativer Ansatz unter Nutzung klassischer Methoden): Dieser beginnt mit einem von Vertriebs- und Marketingfachleuten formulierten Lastenheft. Die beteiligten Entwickler*innen prüfen die dort dargestellten Anforderungen, ermitteln die nötigen Entwicklungsschritte und schreiben ein Pflichtenheft, in dem die geplante technische Umsetzung und ein Zeitplan mit Meilensteinen und Endtermin enthalten ist. Das Pflichtenheft wird gemeinsam mit Vertriebsleiter, F&E-Leiterin und Geschäftsführerin durchgesprochen, dann oft noch leicht angepasst und dann gemeinsam verabschiedet.

---

[2] Siehe dazu auch in Kap. 3: Design Thinking und in Kap. 4: Das Kund*innen-Meeting.

Dies stellt dann auch die Freigabe für den Start eines Entwicklungsprojekts dar, das dann ein eigenes Budget enthält.

- Innovationsteams (explorativer Ansatz unter Nutzung agiler Methoden): Für die Umsetzung besonders komplexer Innovationsthemen wird ein Team aus Innovationsexpert*innen verschiedener Bereiche (F&E, Marketing, Vertrieb, Produktion, Service) zusammengestellt, das mit einem SCRUM-Prozess und Design Thinking-Methoden arbeitet. Der Product Owner übernimmt die Aufgabe, die Kundenperspektive genauer zu analysieren und ins Team einzubringen. Die SCRUM-Masterin überwacht den gesamten Prozess und die Einhaltung der SCRUM-Regeln.

Zur Markteinführung nutzt RasenfitKOCH große Branchenevents wie eine internationale Gartenbaumesse. Dort präsentiert das Unternehmen Produktneuheiten und geht intensiv mit den potenziellen Kund*innen in die Diskussion. Begleitet wird dies von umfangreichen Werbemaßnahmen: Ein Internetangebot wird aufgebaut sowie Flyer und andere Druckprodukte erstellt, Artikel werden in Fachzeitschriften platziert. Weiterhin werden Werbevideos produziert und verbreitet, insbesondere über Social Media-Kanäle. Händler*innen werden informiert, geschult und mit Werbematerial ausgestattet.

Vor drei Jahren hat RasenfitKOCH eine aus Sicht des Marktes große Produktneuheit entwickelt: Die neuen umgesetzten technischen Funktionen waren bislang bei Rasenmähern nicht verfügbar. Da nicht sicher war, ob die Kund*innen das Produkt akzeptieren würden, hatte der damalige Vertriebsleiter einen ersten Prototyp ausgewählten Rasenmäher-Händlern und gut bekannten Kund*innen vorgestellt. Diese testeten den Prototyp und gaben umfangreiches Feedback. Sie gaben an, dass der Nutzen der neuen Produktfunktionalitäten erst beim Testen offensichtlich wurde, vorher aber nicht klar erkennbar war. Es zeigte sich, dass die vorgesehene Innovationskommunikation zu sehr auf die Beschreibung der technischen Funktionen fokussiert war. Daher wurde der Kundennutzen noch einmal klarer herausgearbeitet und die Vorteile für die Nutzer*innen dargestellt. Weiterhin wurde eine Social Media-Influencerin mit zahlreichen Followern im Bereich Gartenpflege gewonnen. Sie wurde engagiert, um als Early Adopter zu agieren und so die breite Masse möglicher Nutzer*innen für das Produkt zu begeistern. Sie machte erfolgreich auf das neue Produkt aufmerksam. Nach anfänglicher Zurückhaltung wurde es auf dem Markt in großen Stückzahlen verkauft.

5.5   Zusammenfassung und Fazit

Eine Innovationsidee muss nicht nur attraktiv für Nutzer*innen und Kund*innen sein, sondern auch gut umgesetzt werden. Dazu sind oft technische Arbeiten nötig wie die Produktentwicklung oder der Aufbau einer Produktion. Der Aufbau von Prototypen und vielfältige und zum Teil aufwändige Tests spielen hier eine wichtige Rolle. An der Ideen-umsetzung arbeiten nicht nur Fachleute aus Entwicklung und Produktion mit, es sind wei-tere Fachbereiche im Unternehmen involviert wie Marketing, Vertrieb oder Distribution. Die technische Umsetzung ist oft sehr aufwändig und herausfordernd. So kann sie lange dauern und teuer sein. Dies sollte schon bei der Bewertung von Innovationsideen und der Planung eines Innovationsprojekts berücksichtigt werden. Bei der Einbeziehung der un-terschiedlichen Ansprechpersonen und Fachbereiche im Unternehmen ist eine koordi-nierte Vorgehensweise essenziell.

Vor der Markteinführung sollte eine Markteintrittsstrategie festgelegt werden, insbe-sondere, ob eine Pionier- oder Folgerposition eingenommen werden soll. Die geplante Innovation ist klar auf die Nutzer*innen bzw. Kund*innen auszurichten: Eine zentrale Rolle spielt daher die Frage, wer die Zielgruppe ist und welche Kundensegmente adres-siert werden. Dieses Thema ist nicht erst bei der Ideenumsetzung wichtig, sondern sollte schon früh im Innovationsprozess bedacht werden.

Die Markteinführung von Innovationen ist kein Selbstläufer: Bei Nutzer*innen und anderen externen, aber auch internen Stakeholder besteht oft Skepsis gegenüber neuen Ideen. Sie müssen von Nutzer*innen einer Innovationsidee überzeugt und „mitgenom-men" werden, indem ihre möglichen Bedenken adressiert werden. Innovationskommuni-kation spielt daher eine zentrale Rolle bei der Umsetzung von Ideen: Vorteile der Innova-tion sollten glaubwürdig mittels klarer Darstellung von Einsatzmöglichkeiten und plastischer Beispiele dargestellt werden. Außerdem sollte frühzeitig überlegt werden, wel-che Markteintrittsbarrieren bestehen und wie damit umgegangen werden kann.

Zur Organisation der Ideenumsetzung können klassische Methoden des Projektma-nagements genutzt werden wie die Nutzung von Lasten- und Pflichtenheft und die struk-turierte Abarbeitung im Rahmen eines Projekts mit klaren Meilensteinen. Jedoch können auch agile Methoden wie SCRUM und KANBAN eingesetzt werden: Sie eignen sich be-sonders dann, wenn die Anforderungen an die Innovation nicht klar definiert werden kön-nen und eine potenziell radikale oder disruptive Innovation umgesetzt werden soll.

Jedoch wird die Frage, welche Methode wann besser geeignet ist, im nachfolgenden Kap. 6 detaillierter betrachtet und beantwortet.

Wiederholungs- und Verständnisfragen

- Beschreiben Sie typische Elemente einer technischen Ideenumsetzung.
- Welche Vorteile bietet die Erstellung von Prototypen?
- Was kann mit einem Patent geschützt werden?
- Welche Ziele werden mit der Innovationskommunikation verfolgt?
- Welche Chancen bietet die Innovationskommunikation, auf welche Hindernisse kann sie stoßen?
- Welche fünf Stufen werden zur Adoption von Ideen bei Kund*innen/Nutzer*innen/Kolleg*innen durchlaufen?
- Wie kann die externe Innovationskommunikation in den Phasen der Ideengewin-nung und der Markteinführung umgesetzt werden?

- Was versteht man unter einer Markteintrittsstrategie? Welche Teilbereiche umfasst sie?
- Wodurch können Markteintrittsbarrieren verursacht werden?
- Wie unterscheiden sich Lasten- und Pflichtenheft?
- Was sind die typischen W-Fragen, die es im (klassischen) Projektmanagement zu beantworten gilt?
- Was ist SCRUM und welche Prinzipien liegen SCRUM zugrunde?
- Welchen Ablauf hat ein typischer SCRUM-Prozess?
- Welche typischen Rollen lassen sich in SCRUM unterscheiden?
- Was sind die Hauptaufgaben eines SCRUM Masters?

5.6   Reflexion für die Praxis und Anwendung des Gelernten

Nutzen Sie die folgenden Fragen zum Abschluss des Kap. 5, um Ihre (bisherige) Unternehmenspraxis in diesem Bereich zu reflektieren und einen Blick auf die (künftige) Anwendung des Gelernten zu werfen.

1. Wie läuft in Ihrem Unternehmen bisher die Umsetzung einer Innovation (z. B. neues Produkt) ab bzw. wie ist diese organisiert?
   a. Welche technischen und nicht technischen Bereiche sind involviert (z. B. Marketing, Vertrieb, Produktion)?
   b. Wie erfolgt die Verzahnung der verschiedenen Arbeiten?
2. Wo wird in Ihrem Unternehmen SCRUM eingesetzt (oder wo könnte es eingesetzt werden)?
   a. Welche positiven Erfahrungen gibt es (bzw. welche Vorzüge könnten sich ergeben)?
   b. Welche negativen Erfahrungen gibt es (bzw. welche Herausforderungen könnten sich ergeben?)
3. Schauen Sie auf die interne Innovationskommunikation in Ihrem Unternehmen:
   a. Wie bzw. über welches Medium erfolgt diese interne Kommunikation bisher (z. B. medienvermittelt oder persönlich)?
   b. Wer ist hierbei intern „Sender" und „Empfänger" (oder beides)?
   c. In welchen Phasen im Innovationsprozess erfolgt die interne Kommunikation?
4. Nun zum Thema (Markt-)Einführung von Innovationen: Welche Herausforderungen treten in Ihrem Unternehmen auf (z. B. welche (Markteintritts-)Barrieren treten auf und müssen überwunden werden)?
5. Was würden Sie sagen im Hinblick auf die Inhalte des Kap. 5:
   a. Welcher Handlungsbedarf besteht in Ihrem Unternehmen?
   b. Wer sollte hier federführend aktiv werden?
   c. Wer sollte noch miteinbezogen werden?

Zu Beginn dieses Buches (siehe Abschn. 1.5) haben Sie einen Projektsteckbrief für Ihr Innovationsprojekt erstellt und pro Kapitel aktualisiert. Nun geht es darum, dass Sie das Gelernte aus Kap. 5 auf Ihr Innovationsprojekt übertragen. Prüfen Sie, ob Sie Ihren Projektsteckbrief ergänzen oder detaillieren sollten. Betrachten Sie insbesondere die Rubriken „Umsetzung", „Kommunikation und Markteinführung" und „Weitere Anmerkungen".

Nutzen Sie erneut das Quiz, das Sie zum Start des Kap. 5 ausgefüllt haben. Welche Fragen würden Sie nun anders beantworten? Überprüfen Sie Ihr Quiz abschließend anhand der Quiz-Lösungen.

Literatur

Beedle M, van Bennekum A, Cockburn A, Cunningham W, Fowler M, Highsmith J et al (2001) Manifest für Agile Softwareentwicklung. Prinzipien hinter dem Agilen Manifest. http://agilemanifesto.org/iso/de/principles.html. Zugegriffen am 18.04.2022

Brockhoff K, Brem A (2021) Forschung und Entwicklung. Planung und Organisation des F&E-Managements, 6., vollst. überarb. Aufl. de Gruyter Oldenbourg (De Gruyter Studium), Berlin/Boston

Engeln W (2019) Produktentwicklung. Herausforderungen, Organisation, Prozesse, Methoden und Projekte. Unter Mitarbeit von Andreas Wolf, 1. Aufl. Vulkan, Essen

Gloger B, Margetich J (2018) Das Scrum-Prinzip. Agile Organisationen aufbauen und gestalten, 2., ak. und erw. Aufl. Schäffer-Poeschel, Stuttgart/Freiburg

Homburg C (2017) Marketingmanagement. Strategie – Instrumente – Umsetzung – Unternehmensführung, 6. Aufl. Springer Gabler (SpringerLink Bücher), Wiesbaden

König W (1993) Rapid Prototyping – Bedarf und Potentiale. VDI-Zeitschrift 135(8):92–97

McBride M (2016) Project management basics. How to manage your project with checklists. Apress, New York

Meffert H, Burmann C, Kirchgeorg M, Eisenbeiß M (2019) Marketing. Grundlagen marktorientierter Unternehmensführung Konzepte – Instrumente – Praxisbeispiele, 13., überarb. und erw. Aufl. Springer Gabler (Springer eBook Collection), Wiesbaden

Osterwalder A, Pigneur Y (2013) Business model generation. A handbook for visionaries, game changers, and challengers. Wiley&Sons, New York

Patentgesetz (2021) Patentgesetz in der Fassung der Bekanntmachung vom 16. Dezember 1980. (BGBl. 1981 I S. 1), das zuletzt durch Artikel 1 des Gesetzes vom 30. August 2021 (BGBl. I S. 4074) geändert worden ist. Bundesamt für Justiz. PatG, vom 30.08.2021

Pleschak F, Sabisch H (1996) Innovationsmanagement. Schäffer-Poeschel, Stuttgart

Porter ME (2013) Wettbewerbsstrategie. Methoden zur Analyse von Branchen und Konkurrenten (Competitive strategy), 12., ak. und erw. Aufl. Campus, Frankfurt am Main

Preußig J (2020) Agiles Projektmanagement. Agilität und Scrum im klassischen Projektumfeld, 2. Aufl. Haufe Group, Freiburg/München/Stuttgart

Rehkopf M (o.J.) Kanban oder Scrum: Welche Agile-Variante ist die Richtige für dein Unternehmen? http://www.atlassian.com/de/agile/kanban/kanban-vs-scrum. Zugegriffen am 19.04.2022.

Riedel T (2017) Agile Personalauswahl. Erfolgreiche Vorstellungsgespräche im Kontext von Innovation und Vielfalt, 1. Aufl. Haufe Gruppe, Freiburg/München/Stuttgart

Rogers EM (2003) Diffusion of innovations. Fifth edition, Free Press trade paperback edition. Free Press (Social science), New York/London/Toronto/Sydney

Schwaber K, Sutherland J (2016) The scrum guide. The definitive guide to scrum: the rules of the game. https://scrumguides.org/docs/scrumguide/v2016/2016-Scrum-Guide-US.pdf. Zugegriffen am 19.04.2022

Smith D (2015) Exploring innovation, 3. Aufl. McGraw-Hill Education, London

Thom N (1980) Grundlagen des betrieblichen Innovationsmanagements, 2. Aufl. Hanstein, Königstein/Ts

Vahs D, Brem A (2015) Innovationsmanagement. Von der Idee zur erfolgreichen Vermarktung, 5., überarb. Aufl. Schäffer-Poeschel, Stuttgart

VDI-Fachbereich Technische Logistik (2001) VDI 2519 Blatt 1: Vorgehensweise bei der Erstellung von Lasten-/Pflichtenheften. Hrsg v. VDI-Gesellschaft Produktion und Logistik

Zerfaß A, Huck S (2007) Innovationskommunikation: Neue Produkte, Ideen und Technologien erfolgreich positionieren. In: Piwinger M, Zerfaß A (Hrsg) Handbuch Unternehmenskommunikation. Gabler, Wiesbaden, S 847–858

Ambidextrie und das hybride Vorgehen 6

Lernziele für dieses Kapitel: Die Leserinnen und Leser …

- können komplizierte und komplexe Herausforderungen voneinander unterscheiden
- verstehen Exploitation und Exploration als zwei Grundherausforderungen im Innovationsmanagement
- kennen differenzierende und integrierende Strukturvarianten der Ambidextrie
- wissen, wie ein hybrides Vorgehen im Unternehmen funktioniert
- erkennen die Voraussetzungen bei Projekten und im Unternehmen, die ein hybrides Vorgehen im ambidextren Innovationsmanagement fördern.

Nutzen Sie für dieses Kapitel das Lerntagebuch – http://www.hs-pforzheim.de/IMBuch.

Beantworten Sie die Fragen des Quiz zum Kapitel. Die Überprüfung findet erst am Ende des Kapitels statt.

In Abb. 6.1 finden Sie das Gesamtbild „Ambidextres Innovationsmanagements in KMU". Das in diesem Unterkapitel dargestellte Thema Ambidextrie wird in allen Phasen des Prozesses adressiert.

6.1 Klassisch oder agil?

In den bisherigen Kapiteln zu den einzelnen Schritten des Innovationsmanagements haben wir immer zwischen klassischen und agilen Methoden unterschieden. Bei der Auswahl der Methoden stellen sich einige grundsätzliche Fragen: Handelt es sich hier um ein „entweder oder" und muss man sich im Unternehmen für die einen und gegen die anderen Methoden entscheiden? Oder handelt es sich vielmehr um ein „sowohl als auch" und es geht biniert werden können? Und wenn es sich tatsächlich um eine Kombination aus beiden

© Der/die Autor(en) 2023
C. Lang-Koetz et al., *Ambidextres Innovationsmanagement in KMU*,
https://doi.org/10.1007/978-3-662-66458-2_6

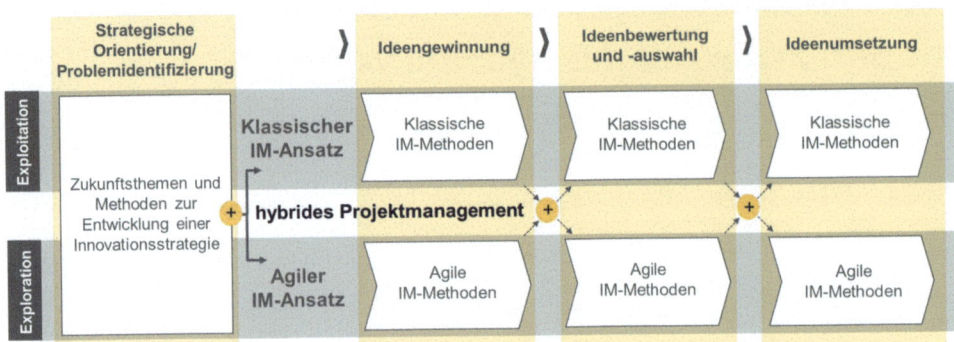

Abb. 6.1 Gesamtbild „Ambidextres Innovationsmanagement in KMU" mit hybridem Projektmanagement – Verortung des Kap. 6 (entwickelt im Forschungsprojekt InnoDiZ; Phasenmodell aufbauend auf Pleschak und Sabisch 1996; Thom 1980; Vahs und Brem 2015)

Methoden- Sets handelt, auf Basis welcher Kriterien sollte man sich dann im Unternehmen entscheiden? Wann bietet es sich an, eher klassisch vorzugehen und wann sollte man
eher agile Methoden nutzen?

Die Frage nach klassisch oder agil lässt sich allgemein an der Herausforderung festma-
chen, in der man sich im Innovationsmanagement befindet. Zur Illustration dient dabei die
sog. Stacey-Matrix, anhand derer man grob die Qualität einer Herausforderung einordnen
kann (siehe Abb. 6.2).[1] Die hier dargestellte (vereinfachte) Stacey-Matrix ist ein Vier-
Felder-Schema mit zwei Dimensionen: Eine Dimension beschreibt die Klarheit bzw. Un-
klarheit einer technologischen Herausforderung. Die andere stellt die Eindeutigkeit bzw.
Uneindeutigkeit einer Anforderung zur Bewältigung der technologischen Herausforderungen dar. Daraus entstehen vier Felder (oder auch Typen) von Herausforderungen, die als
simpel, kompliziert, komplex und chaotisch benannt werden. Die Logik ist dabei, dass die
Situation umso herausfordernder ist, je unklarer und mehrdeutiger sie wird.

Für das Innovationsmanagement ist insbesondere relevant, ob das Unternehmen eher
mit komplizierten oder mit komplexen Herausforderungen konfrontiert ist:

---

[1] Ursprünglich war die Stacey „Agreement & Certainty Matrix" (vgl. Stacey 1996) durch die Über-
tragung der Komplexitätsforschung auf die Führung in Organisationen als eine Hilfestellung zur
Entscheidungsfindung entwickelt worden (vgl. Stacey 1993, 1995). Sie umfasste die beiden Dimensionen „Agreement among stakeholders" und „Certainty". Daraus resultierten fünf unterschiedliche
Felder mit einer jeweils ganz eigenen Management-Strategie. Stacey argumentierte, dass der größte
Teil der Managementliteratur sich mit Entscheidungen befasst, bei denen sowohl ein hoher Grad an
Gewissheit und ein hohes Maß an Übereinstimmung oder zumindest eine dieser Dimensionen vor-
liegt. Stacey sagte für diese Entscheidungen haben wir gute Kenntnisse darüber, was funktioniert. Er
argumentierte auch, dass es einen Bereich gibt, in dem extreme Unsicherheit und Uneinigkeit herr-
schen, was zu Desintegration oder Chaos führt (vgl. Zimmerman und Hayday 1999; Zimmerman
2001). *Heute wird die Stacey Matrix – wie in der vorliegenden Arbeit – eher zur Auswahl der passenden Projektmanagement-Methode für ein bestimmtes Projekt genutzt.*

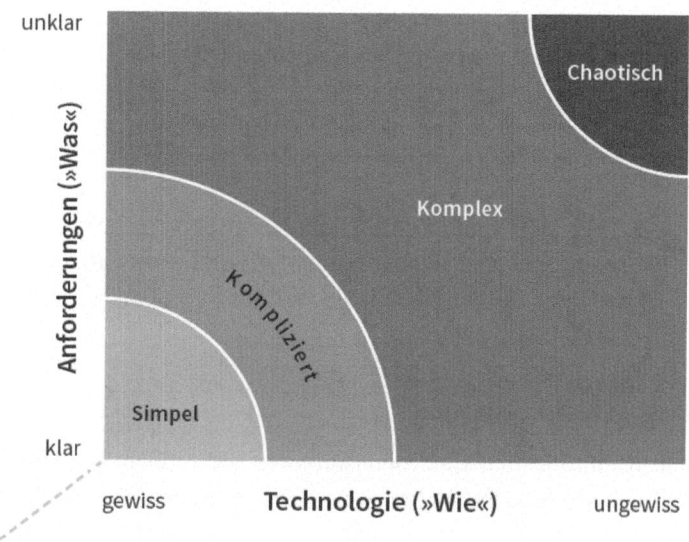

Abb. 6.2 Stacey-Matrix (aus Häusling und Fischer 2020; mit freundlicher Genehmigung von © Haufe-Lexware GmbH & Co. KG. All Rights Reserved)

- Kompliziert ist eine Herausforderung dann, wenn es eine gewisse Klarheit über das WAS (also das Ziel) und das WIE (also den Weg zum Ziel) im Innovationsmanagement gibt. In diesem Fall sind klassische Methoden gut geeignet, weil eine Kompliziertheit durch eine gute Struktur heruntergebrochen werden kann. Dies wird bei klassischen Methoden z. B. mittels Lasten- oder Pflichtenheften gemacht (siehe dazu auch Kap. 5) und ist auch im „Stage-Gate"-Prozess beschrieben (vgl. Cooper 2008, S. 47).
- Handelt es sich aber um komplexe Herausforderungen, in denen das WAS (also das Ziel) und das WIE (also der Weg zum Ziel) zu Beginn nicht klar sind, lässt sich dies auch nicht einfach durch Struktur reduzieren. Hier kommen eher agile Methoden zum Einsatz, weil sie ein iteratives Vorgehen nutzen, einen klaren Outside-in-Fokus ausgehend von den Nutzer*innen haben und ein schrittweises Vorgehen vom MVP (Minimum Viable Product) zum Gesamtergebnis propagieren (vgl. Schwaber und Sutherland 2016).

Diese Logik kann anhand eines Beispiels aus der Entwicklung von Automobilen veranschaulicht werden. Bei der Entwicklung einer neuen Produktvariante eines PKW war im Jahr 2010 vermutlich relativ klar, wie das Ergebnis 2017 aussehen soll. Es gab Vorgaben, was Verbrauch, Preis, Leistung etc. anbelangt. Entsprechend kompliziert war die Entwicklung. Das zukünftige Modell wurde beschrieben und mittels klassischer Methoden entwickelt.

Anders sieht es jedoch aus, wenn der gleiche Entwicklungsprozess in einer komplexen Herausforderung startet, in der noch nicht klar ist,

- ob es sich in Zukunft um eine Weiterentwicklung des bestehenden Modells mit einem Verbrennungsmotor handelt oder
- ob alternative Antriebssysteme und autonomes Fahren eine Rolle spielen,

- wie sich die rechtlichen Rahmenbedingungen entwickeln,
- ob der Trend zur Nachhaltigkeit bei der Kaufentscheidung eine stärkere Rolle spielt,
- wie sich die Steuerlast entwickelt und
- inwieweit es 2026 überhaupt noch um den Verkauf von Autos geht oder
- ob es sich vielmehr um die Organisation von Mobilität handelt.

Dann bieten sich eher agile Methoden und ein iteratives Vorgehen an. In beiden Fällen müssen aber – wenn auch in unterschiedlichem Maße – die zwei Grundherausforderungen der Exploitation und der Exploration im Innovationsmanagement bewältigt werden. Diese werden im Folgenden beschrieben.

Übung 6.1: Kompliziert vs. Komplex

Betrachten Sie Ihre letzten Innovationsprojekte und ordnen Sie diese jeweils in die Stacey-Matrix ein. Wie schätzen Sie zu Beginn der Projekte die Klarheit über das WAS (also das Ziel) und das WIE (also den Weg zum Ziel) ein? Zu welchem Ergebnis kommen Sie dann hinsichtlich der Einordnung der Projekte in die beiden Felder „kompliziert" und „komplex"?

Unter http://www.hs-pforzheim.de/IMBuch finden Sie weitere Informationen sowie Vorlagen zur Dokumentation Ihrer Ergebnisse. ◄

6.2   Die zwei Grundherausforderungen im Innovationsmanagement

Unternehmen sind im Innovationsmanagement wie bereits im Abschn. 1.2 ausgeführt, mit zwei grundsätzlichen Herausforderungen konfrontiert: Sie müssen eine klare Ausrichtung auf die Exploitation und parallel dazu auf die Exploration im Innovationsmanagement haben (vgl. O'Reilly und Tushman 2004).

- *Exploitation* ist dabei die bestmögliche Nutzung vorhandener Ressourcen. Es geht um Effizienz und Optimierung. Der kontinuierliche Verbesserungsprozess (KVP) vorhandener Produkte und Dienstleistungen steht im Fokus. Angestrebt wird ein möglichst sicherer Profit und dafür wird auch nur ein möglichst geringes Risiko eingegangen. Dazu passen Methoden mit festen Strukturen, klaren Rollen und klassischen Vorgehensmodellen.
- Im Gegensatz dazu steht *Exploration* für die Entwicklung neuer Ressourcen. Sie beinhaltet visionäre Experimente und diskontinuierliche Innovation mit einem klaren Wachstumsziel. Im Vordergrund stehen ein unsicherer Profit und ein hohes unternehmerisches Risiko. Dazu werden flexible Strukturen, variable Rollen und agile Vorgehensmodelle benötigt.

Die Exploitation konzentriert sich damit also auf die bestmögliche Nutzung der vorhandenen Mittel (wie z. B. bestehender Technologie, etablierte Methoden und vorhandenes Personal) für kontinuierliche Verbesserungen und inkrementelle Innovationen, während die Exploration sich auf die Herausforderung konzentriert, neue und manchmal radikale Innovationen zu finden (vgl. O'Reilly und Tushman 2004). Dies betrifft sowohl Produkt- als auch Prozessinnovationen.

Erfolgreiche Unternehmen organisieren ambidextre (also „beidhändige") Prinzipien und etablieren ein duales Modell mit zwei verschiedenen Arten von Strategien zur Förderung von Innovationen in Unternehmen (vgl. Duncan 1976). Besonders wichtig ist die Fähigkeit einer Organisation, effizientes Management zur Bewältigung der Anforderungen aus dem Tagesgeschäft mit den Anforderungen der innovativen Anpassung an zukünftige Bedingungen zu verknüpfen (vgl. Raisch 2008).

Es gibt dabei nicht den einen besten Weg. Exploitation ist nicht besser als Exploration – oder umgekehrt. Die Idee ist vielmehr, dass Exploitation und Exploration und damit auch klassische und agile Methoden (und Strukturen) immer gemeinsam auftreten (vgl. Kotter 2015). Nach March ist die Aufrechterhaltung eines angemessenen Gleichgewichts zwischen Exploitation und Exploration ein Hauptfaktor für das Überleben und den Wohlstand eines Systems (vgl. March 1991, S. 72).

Ambidextrie und das Zusammenspiel von Exploitation und Exploration werden in der Literatur aus verschiedenen Perspektiven diskutiert (vgl. z. B. Nemanich et al. 2007; Soosay und Hyland 2008). Es hat sich dabei gezeigt, dass eine ambidextre Ausrichtung zusammen mit der Verankerung agiler Prinzipien in der Strategie die Wettbewerbsvorteile eines Unternehmens beeinflussen können (vgl. Clauss et al. 2020). Die angemessene Wahl zwischen Exploitation und Exploration wird auch als Ambidextrie-Dilemma bezeichnet (siehe Brix 2019 mit Verweis auf die einschlägige Literatur Gupta et al. 2006; Simsek 2009). Dieses Dilemma kann überwunden werden, indem in einem erfolgreichen Innovationsmanagement sowohl Exploitation als auch Exploration praktiziert wird.

In Bezug auf die Ausführungen zu den komplizierten und den komplexen Herausforderungen im Innovationsmanagement kann nun Folgendes geschlossen werden (vgl. Brix 2020):

- Exploitation ist immer dort erforderlich, wo es einen kürzeren Zeithorizont und ein präzises Zukunftsbild gibt. Das ist insbesondere bei den komplizierten Herausforderungen der Fall, in denen das WAS (Ziel) und das WIE (Weg) recht klar sind.
- Im Gegensatz dazu ist überall dort Exploration erforderlich, wo es einen langfristigen Zeithorizont und ein eher diffuses Zukunftsbild gibt. Das ist tendenziell bei den komplexen Herausforderungen so, weil dort weder das WAS noch das WIE klar beschreibbar ist.

Für Unternehmen entsteht dabei die Herausforderung, dass sie sich oftmals in komplizierten und in komplexen Bedingungen bewegen, die sowohl Exploitation mit klassischen Vorgehensmodellen als auch Exploration mit agilen Vorgehensmodellen erfordern. Wie aber können sich Unternehmen strukturieren, um dies auch bestmöglich zu leisten?

Übung 6.2: Exploitation vs. Exploration

Wie werden Innovationen in Ihrem Unternehmen typischerweise ausgestaltet? Sind sie eher exploitativ oder eher explorativ? Steht eher die Weiterentwicklung des Bestehenden im Vordergrund oder vielmehr die Erforschung von etwas Neuem?

Nutzen Sie dazu einige aktuelle Innovationsprojekte und vergleichen Sie dazu Ergebnisse aus der vorherigen Übung. Korrespondieren die komplizierten Herausforderungen mit den exploitativen Projekten und die komplexen Herausforderungen mit den explorativen Projekten? ◄

6.3   Zwei Gestaltungsmuster: Differenzierung oder Integration

Mit Blick in die einschlägige Fachliteratur (vgl. Gibson und Birkinshaw 2004; O'Reilly und Tushman 2004; Raisch 2008) gibt es unterschiedliche Strukturlösungen, mit denen Unternehmen Exploitation und Exploration im Innovationsmanagement realisieren können. Dabei lassen sich die sogenannte strukturelle, kontextuelle oder sequenzielle Ambidextrie unterscheiden:

- Bei der strukturellen Ambidextrie werden Exploitation und Exploration auf verschiedene Organisationseinheiten im Unternehmen verteilt.
- Bei der kontextuellen Ambidextrie werden Exploitation und Exploration innerhalb einer Organisationseinheit im Unternehmen praktiziert. Die Mitarbeitenden verteilen dabei prozentual ihre Arbeitszeit je nach Bedarf zwischen Exploitation und Exploration und richten dies entsprechend an den Bedarfen des Unternehmens und der Herausforderungen aus.
- Bei der sequenziellen Ambidextrie werden Exploitation und Exploration ebenfalls innerhalb einer Organisationseinheit praktiziert. Sie unterscheidet sich aber von der kontextuellen Ambidextrie dahingehend, dass sich die Mitarbeitenden temporär jeweils vollständig auf die Exploitation oder die Exploration konzentrieren.

Aus diesen drei Varianten lassen sich zwei grundsätzliche Gestaltungsmuster für die strukturelle Lösung von Ambidextrie im Innovationsmanagement ableiten (vgl. Brix 2019):

- Das differenzierende Lösungsmuster, das separate Organisationseinheiten für Exploitation und Exploration schafft (strukturelle Ambidextrie) und
- Das integrative Lösungsmuster, das innerhalb einer Organisationseinheit Exploitation und Exploration ermöglicht (kontextuelle oder auch sequenzielle Ambidextrie).

Im differenzierenden Lösungsmuster (strukturelle Ambidextrie) gibt es eine räumliche Trennung von Exploitation (z. B. Produktpflege) und Exploration (z. B. Grundlagenentwicklung) in verschiedene Bereiche (siehe Abb. 6.3). Entsprechend unterschiedlich können auch die

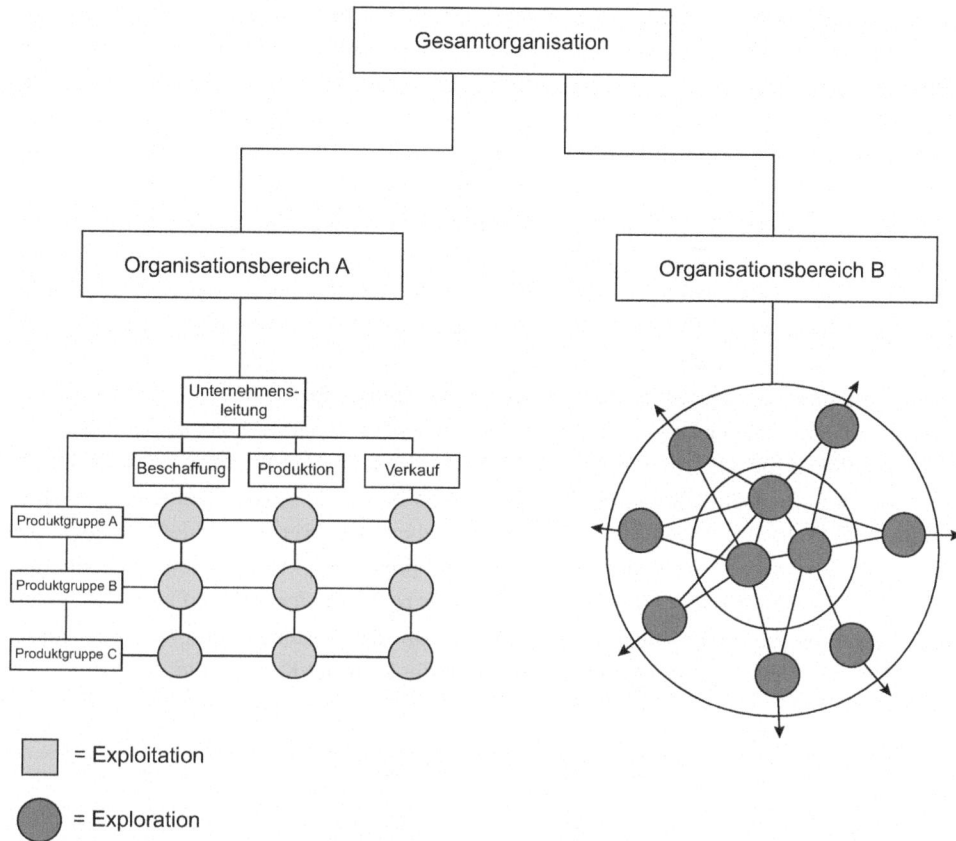

Abb. 6.3 Beispiel für eine mögliche strukturelle Ambidextrie (aus Häusling und Fischer 2020; mit freundlicher Genehmigung von © Haufe-Lexware GmbH & Co. KG. All Rights Reserved)

Charakteristika in den Managementprozessen wie Führung und Kultur sowie in der Zusammenarbeit zwischen den beiden Bereichen sein. Auch die Unterstützungsprozesse, wie z. B. die jeweiligen Anreizsysteme können sich unterscheiden. Damit wird die Anpassung an die spezifischen Bedarfe der beiden Grundherausforderungen im Innovationsmanagement bestmöglich unterstützt. In der folgenden Abbildung ist der Organisationsbereich A klassisch als Matrix aufgebaut und eher auf Exploitation ausgerichtet, währen der Organisationsbereich B im Sinne eines Netzwerks fungiert und eher Exploration zum Ziel hat.

Vorteil der strukturellen Ambidextrie ist, dass in den beiden spezialisierten Bereichen optimale Bedingungen jeweils für Exploitation und Exploration geschaffen werden können. Nachteile bestehen in der Gefahr einer Isolation der beiden Bereiche und in der geringen Integration und Zusammenarbeit. Diese Lösung ist zudem eher für große Unternehmen geeignet, da diese über die entsprechenden Ressourcen verfügen.

In KMU ist es aufgrund der begrenzten Ressourcen für den Aufbau spezialisierter Organisationsbereiche schwieriger, Exploitation und Exploration strukturell getrennt vonei-

nander zu verfolgen (vgl. Lubatkin et al. 2006). Daher scheint für KMU eher das Modell
der kontextuellen oder sequenziellen Ambidextrie geeignet, bei dem die einzelnen Mitarbeitenden in die Lage versetzt werden, ihre Zeit zwischen den Anforderungen der Verwer-
tung bestehender Ideen und der Erforschung neuer Ideen aufzuteilen (vgl. Gibson und
Birkinshaw 2004).

Das integrative Lösungsmuster (kontextuelle und sequenzielle Ambidextrie) zeichnet
sich dadurch aus, dass Exploitation und Exploration in einem Bereich, einer Einheit, einem Team vereint sind (siehe Abb. 6.4). Dabei kommt es zu großen Gemeinsamkeiten
sowohl was die Managementprozesse als auch die Unterstützungsprozesse anbelangt.
Diese Gemeinsamkeiten führen dazu, dass es – wenn überhaupt – nur eine geringe Anpassung an die Besonderheiten von Exploitation und Exploration gibt. Dafür wird aber die
Integration in ein gemeinsames Ganzes bestmöglich unterstützt.

Der große Vorteil der kontextuellen Ambidextrie besteht darin, dass sie eine hohe Flexibilität gibt und die Mitarbeitenden je nach Bedarf zwischen exploitativen und explorativen Aufgaben wechseln können. So besteht auch nicht das Risiko der Trennung zwischen
den beiden Welten. Gleichzeitig bedeutet das aber auch für die Mitarbeitenden die
höchstmögliche Anforderung, denn sie müssen ein breites Spektrum an unterschiedlichen
Methoden beherrschen. Der reine Fokus auf klassische Methoden oder auf agile Methoden
reicht nicht aus. Vielmehr braucht es das Wissen um die gesamte Bandbreite der möglichen Methoden. Ein hybrides Vorgehen ist damit die logische Konsequenz.

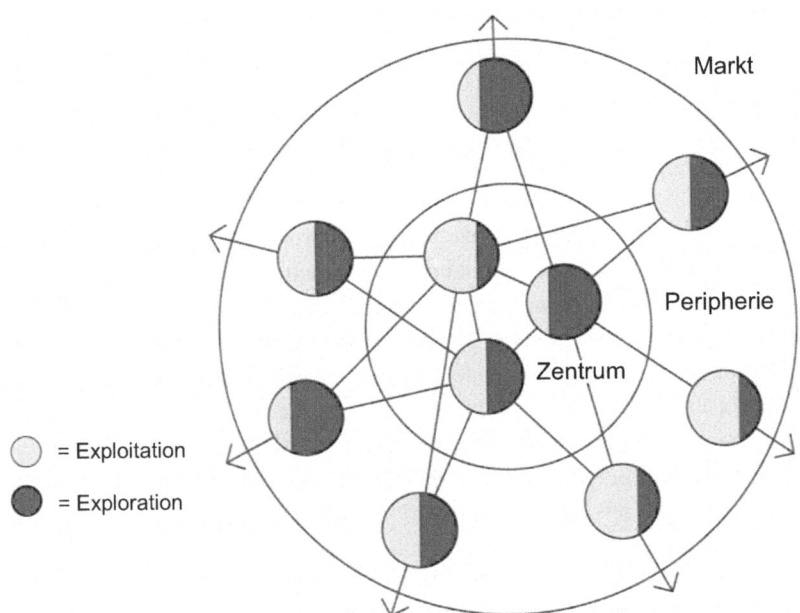

Abb. 6.4 Beispiel für eine mögliche kontextuelle Ambidextrie (aus Häusling und Fischer 2020; mit
freundlicher Genehmigung von © Haufe-Lexware GmbH & Co. KG. All Rights Reserved)

6.4 Hybrides Vorgehen im ambidextren Innovationsmanagement

Unter einem hybriden Vorgehen kann die sinnvolle Kombination von klassischen und agilen Methoden verstanden werden (vgl. Albrecht und Albrecht 2021). Sinnvoll ist eine Kombination dann, wenn bestimmte Rahmenbedingungen, wie die oben genannten komplizierten oder komplexen Herausforderungen und exploitative oder explorative Innovationsbedarfe, gegeben sind und diese dann ein bestimmtes Vorgehen intendieren.

Ein wesentliches Unterscheidungsmerkmal zwischen den klassischen und den agilen Methoden ist, dass klassische Methoden eher nach dem Wasserfallprinzip funktionieren. Das bedeutet, dass zu Beginn eines Projekts eine mehr oder weniger genaue Beschreibung eines zukünftigen Endprodukts vorhanden ist. Diese Beschreibung wird dann – zumeist von der Zukunft her gedacht – in einzelne Teilschritte zerlegt und bis in die Gegenwart unterteilt. Das Hauptcharakteristikum ist eine Sequenzierung des Vorgehens, die sich durch das Herunterbrechen einzelner Schritte (sog. Arbeitspakete) und die Definition erwünschter Ergebnisse (sog. Meilensteine) auszeichnet (auch wenn hier Schleifen möglich sind).[2] Dieses Vorgehen wird typischerweise in Großprojekten mit langfristigem Planungsbedarf oder bei Projekten zur Produktweiterentwicklung oder Produktpflege angewendet.

Die Vorteile der klassischen Methoden liegen auf der Hand. Es gibt (meist) eine klare Übersicht von Abhängigkeiten, weil die Arbeitspakete und Meilensteine miteinander in Verbindung stehen. Die Rollen sind im Projekt klar verteilt. Es gibt eine Projektleitung, die je nach Ausgestaltung eine fachliche, disziplinarische oder laterale[3] Führungsverantwortung für die Mitarbeitenden im Projekt hat. Das erleichtert die Zusammenarbeit und schafft die Basis für eine Kompensation möglicher Fluktuationen im Projektteam. Auf dieser Basis können dann recht klar die notwendigen Ressourcen geplant und beschafft werden. Alles in allem trägt dieses Vorgehen zu einer möglichst hohen Stabilität beim Vorgehen bei. Damit zahlt es positiv auf den Grundsatz der komplizierten Welt ein, indem es die Herausforderungen mittels Strukturierung handhabbar macht. Demgegenüber stehen aber auch einige Nachteile der klassischen Methoden. Mit der Festlegung eines Zielbilds zu Beginn besteht das Risiko, am konkreten oder sich verändernden Bedarf der Zielgruppe vorbei zu planen. Das verringert die Flexibilisierung und die Anpassungsmöglichkeiten während des Projekts. Durch die Abhängigkeit der Arbeitspakete und der Meilensteine kann es zu Verzögerungen beim Ablauf des Projekts kommen, wenn einzelne Arbeitspakete nicht gestartet werden können, weil andere Arbeitspakete noch nicht abgeschlossen sind. Die klare Struktur im Projekt beinhaltet das Risiko, dass mögliche Fehler – sei es in der Planung oder in der Umsetzung – zu spät entdeckt und dann nur noch schwer korrigiert werden können.

---

[2] Siehe dazu die Ausführungen in Abschn. 5.3.

[3] Unter lateraler Führung wird die Führung ohne disziplinarische Führungsverantwortung verstanden.

Im Gegensatz dazu zeichnen sich agile Methoden (wie SCRUM, KANBAN und Design Thinking)[4] dadurch aus, dass zu Beginn noch kein fixes Zielbild vorhanden ist. Vielmehr tastet man sich über einen klaren Blick von außen nach innen (also vom Kunden oder der Kundin her bzw. von typischen Kundengruppen, den sog. Personas, her) an ein mögliches Zielbild heran (vgl. Schwaber und Sutherland 2016). Dieses wird während des Projekts immer wieder hinterfragt und ggf. angepasst. Dazu wird ein etappenweises Vorgehen gewählt, in dem sog. Sprints in gesetzten Zeiträumen dazu genutzt werden, ein bestimmtes Ergebnis (Stichwort: MVP) zu erzielen. Kombiniert wird dieses Vorgehen mit einem hohen Grad an Visualisierung (z. B. über die CANVAS-Methode[5] oder über KANBAN Boards) und einen regelmäßigen Austausch von Informationen mit einem klaren Blick auf die Erfolgsfaktoren (sog. Enabler) als auch die Hindernisse (sog. Empediments). So entsteht Transparenz und Kommunikation im Vorgehen. Dies kann anschließend als Basis für eine Anpassung im Projekt und für eine wechselseitige Unterstützung genutzt werden. Zudem dient die Reflexion des eigenen Vorgehens dazu, auf der Meta-Ebene immer wieder auf das eigene Tun zu schauen und so im Projekt und am Projekt zu lernen. Dieses Vorgehen findet man eher bei kleineren und überschaubaren Projekten. Auch hier liegen die Vorteile wieder auf der Hand. Die Zeit zur Projektentwicklung ist relativ kurz, da zu Beginn keine lange Planungsphase erfolgt. Durch die Transparenz und Kommunikation gibt es eine frühe Warnung vor möglichen Problemen im Projekt. Dadurch steigt die Flexibilität, nach Bedarf Anpassungen vorzunehmen. Zudem entsteht eine hohe emotionale Bindung der Projektmitarbeitenden, weil sie sich in hohem Maße einbringen und so auch mitgestalten können. Dem gegenüber kann die Flexibilität auch als Unsicherheit verstanden werden, denn im Zweifel ist unklar, welcher Schritt als nächster kommt. Das wiederum erfordert eine hohe Kompetenz der Mitarbeitenden im Umgang mit Unsicherheit und Ambiguität.

Bei einem Vergleich der beiden Methoden-Sets fallen die Unterschiede deutlich auf. Letztlich ist es wie so oft: es gibt nicht die eine gute und die andere schlechte Methode. Klassisches Vorgehen und agiles Vorgehen haben beide ihre Berechtigung. Es kommt vielmehr auf die Passung der Methode zur Herausforderung und letztlich auf eine möglichst sinnvolle Kombination von klassischen und agilen Methoden, also auf ein hybrides Vorgehen an! Dabei können im Kontext eines hybriden Vorgehens zwei Grundmodelle voneinander unterschieden werden (vgl. Luder 2022, S. 23; Greger 2021).

Innerhalb des *sequenziell hybriden Vorgehensmodells* während eines Projekts können die Methoden je nach Projektphase neu gewählt werden (vgl. Klimke et al. 2020, S. 699). Ein Wechsel ist möglich, jedoch nicht zwingend erforderlich. Innerhalb einer Phase wird konsequent nach einem Methodenset (klassisch oder agil) gearbeitet. Dadurch können beliebige Varianten entstehen. Einmal wird eher mit klassischen Methoden ins Projekt gestartet und dann agil weitergearbeitet (vgl. Hayata und Han 2011, S. 288; Thesing et al. 2021, S. 751). Im Gegensatz dazu können zu Beginn des Projekts agile Methoden eingesetzt und dann ab der Umsetzung eine klassische Steuerung genutzt werden (vgl. Mills et al. 2020, S. 579).

---

[4] Siehe dazu Kap. 2, 3, 4 und 5.

[5] Der Business Model Canvas ist ein aus neun Elementen bestehendes Plakat (engl.: canvas = Leinwand) zur Definition und Dokumentation eines Geschäftsmodells. Siehe dazu auch Greger 2021.

Beim *additiv hybriden Vorgehensmodell* ergänzen sich innerhalb einzelner Phasen agile und klassische Methoden. Ebenfalls möglich sind dabei Phasen, die rein agil oder klassisch gestaltet werden und damit als sequenziell hybrid angesehen werden können. Innerhalb der Phasen gibt es verschiedene Möglichkeiten, wie beide Methoden-Sets miteinander kombiniert werden können. Zum einen kann das Projekt nach innen im Projektteam agil und nach außen zur Organisation hin klassisch geführt werden, um Anschlussfähigkeit zu gewährleisten (vgl. Kuster et al. 2019, S. 18; Thesing et al. 2021, S. 747). Dabei wird häufig langfristig anhand von groben Inhalten sowie Budget- und Zeitfragen mit Meilensteinen klassisch geplant, um einen Rahmen für das agile Arbeiten und die kurzfristige Planung in Iterationen für das Team zu gewährleisten (vgl. Copola Azenha et al. 2021, S. 96). Im Vergleich dazu werden innerhalb eines Projekts Teilprojekte mit unterschiedlichen Methoden bearbeitet. So können z. B. sicherheitsrelevante oder dokumentationspflichtige Teile klassisch bearbeitet werden, Softwareentwicklungen oder Kreatives dagegen agil (vgl. Timinger und Seel 2016, S. 56).

6.5 Entscheidungskriterien für die Methodenwahl im hybriden Vorgehen

Ein zentrales Entscheidungskriterium hinsichtlich der Wahl klassischer und agiler Methoden im hybriden Vorgehen liegt in den Charakteristika des Projekts selbst. Als besonders relevant können die folgenden Charakteristika beschrieben werden (vgl. Luder 2022, S. 30 ff.):

- Komplexität des Projekts,
- Möglichkeit zur Kund*innen-Interaktion und
- Art des Projekts hinsichtlich Innovationsgrad und Projektumwelt

Die *Komplexität des Projekts* ist ein zentraler Punkt für die Auswahl von Methoden. Diese ist v. a. durch Unsicherheit in Bezug auf Kund*innen-Anforderungen und deren Veränderungen im Projektverlauf sowie die Planbarkeit der Aufgaben geprägt (vgl. Scholz und Schuster 2021, S. 46; Thesing et al. 2021, S. 752). Sofern die Kund*innen-Anforderungen detailliert und transparent zu Projektbeginn vorliegen, eignet sich ein klassisches Vorgehen, um Rollen und Aufgaben von Anfang bis Ende zuzuteilen (vgl. Ciric et al. 2019, S. 1408; Thesing et al. 2021, S. 753). Sind dagegen die vom Kunden bzw. der Kundin geforderten Spezifikationen in frühen Phasen noch nicht abschließend geklärt, sollte ein agiles Vorgehen gewählt werden (vgl. Ciric et al. 2019, S. 1409; Paluch et al. 2020, S. 500; Thesing et al. 2021, S. 747).

Können die Aufgaben für das Projekt auf Basis stabiler Vorgaben vorab geplant werden, kann ein klassisches Vorgehen nützlich sein. Ist die Aufgabenplanung jedoch erst iterativ im Verlauf des Projekts möglich, sollte ein agiles Vorgehen in Betracht gezogen werden (vgl. Albers et al. 2019, S. 841). Planungsstabilität liegt vor, wenn sich die zu Projektbeginn vereinbarten Details im Verlauf nicht mehr verändern. Ist dies der Fall, eignet sich somit ein klassisches Vorgehen (vgl. Kannan et al. 2014, S. 2685; Scholz und

Schuster 2021, S. 46; Thesing et al. 2021, S. 753). Sofern sich Spezifikationen des Endprodukts schnell oder häufig verändern bzw. erst im Verlauf der Iterationen im Projekt bestimmt werden, bietet ein agiles Vorgehen die Möglichkeit, schneller und flexibler darauf zu reagieren (vgl. Kannan et al. 2014, S. 2685; Paluch et al. 2020, S. 496; Scholz und Schuster 2021, S. 46; Thesing et al. 2021, S. 752).

Für die *Kund*innen-Interaktion* wird ein Innen-/Außenverhältnis vorausgesetzt, in welchem das Team mit dem Umsetzungswunsch eines Kunden oder einer Auftraggeberin konfrontiert wird (vgl. Schumacher und Wimmer 2019, S. 12–18). Ist ein regelmäßiger Austausch zwischen dem Projektteam und der Zielgruppe während des Innovationsprozesses nicht möglich, da entweder vom Team oder der Zielgruppe nicht gewünscht, sollte ein klassisches Vorgehen gewählt werden (vgl. Paluch et al. 2020, S. 496–500; Thesing et al. 2021, S. 753 f.). Ein agiles Vorgehen ist dagegen möglich, sofern der direkte Kundenkontakt regelmäßig stattfinden kann, indem die Zielgruppe Feedback gibt (vgl. Ciric et al. 2019, S. 1409; Conforto und Amaral 2016, S. 29 f.; Paluch et al. 2020, S. 496, 500).

Bei der *Art des Projekts* schließlich determinieren insbesondere der Innovationsgrad und die Projektumwelt das Vorgehen. Fokussiert das Innovationsprojekt einen geringen Innovationsgrad, kann ein klassisches Vorgehen sinnvoll sein, da ausreichend Erfahrungswissen vorhanden ist und somit genauer geplant werden kann (vgl. Hauschildt et al. 2016, S. 162 f.; Paluch et al. 2020, S. 497; Smolnik und Bergmann 2020, S. 50; Thesing et al. 2021, S. 753). Handelt es sich hingegen um eine radikale Innovation oder eine Neuheit mit hohem Innovationsgrad, kann ein agiles Vorgehen geeignet sein. Grund dafür ist, dass die Planung aufgrund unsicherer Anforderungen und fehlender Erfahrungswerte deutlich erschwert ist (vgl. Copola Azenha et al. 2021, S. 91; Hauschildt et al. 2016, S. 163; Niewöhner et al. 2019, S. 828 f.; Paluch et al. 2020, S. 496). Wird das Projekt in einer stabilen Umwelt mit vorhersehbaren bzw. geringen Veränderungen durchgeführt, kann wiederum ein klassisches Vorgehen geeignet sein (vgl. Ciric et al. 2019, S. 1408). Ist die Projektumwelt dagegen dynamisch und sind Veränderungen schwer vorhersehbar, sollte ein agiles Vorgehen in Betracht gezogen werden (vgl. Paluch et al. 2020, S. 497). Gleiches gilt für die Organisationsumwelt, welche in Wechselwirkung zur Projektumwelt steht (vgl. Niewöhner et al. 2019, S. 829 f.; Paluch et al. 2020, S. 500). Daraus ergibt sich zur Einordnung und als Entscheidungshilfe Tab. 6.1.

Tab. 6.1 Einordnung der Projektcharakteristika nach Präferenz für klassische und agile Methoden

Aspekt	Charakterisierung	Klassische Methoden	Agile Methoden
Komplexität des Projekts	Klarheit zu Projektbeginn über die Kundenanforderungen Planbarkeit des Projekts Spezifikation des Projektergebnisses	klar planbar stabil	unklar nicht planbar variabel
Kund*innen-Interaktion	Regelmäßiger Austausch zwischen Projektteam und Kund*in	nicht möglich	möglich
Art des Projekts	Innovationsgrad des Projekts Umfeld des Projekts	gering stabil	hoch dynamisch

Übung 6.3: Charakteristika des Projekts als Entscheidungskriterium

Schätzen Sie Ihr aktuelles Projekt nach den Kriterien von Komplexität, Kund*innen-Interaktion und Art des Projekts ein:

- Ist die Unsicherheit in Bezug auf Kund*innen-Anforderungen hoch?
- Ist Planungsstabilität während des Projekts gering?
- Ist kein regelmäßiger Austausch mit der Zielgruppe möglich?
- Hat Ihr Projekt einen hohen Innovationsgrad?
- Ist die Projektumwelt sehr dynamisch?

→ Je häufiger Sie mit JA geantwortet haben, desto eher sollte Ihr Projekt agile Methoden beinhalten! ◄

6.6 Wichtige Voraussetzungen im Unternehmen

Neben den Charakteristika des Projekts gibt es auf der Ebene des Unternehmens weitere Voraussetzungen, die ein klassisches und/oder agiles Vorgehen im ambidextren Innovationsmanagement fördern (vgl. Mu et al. 2022). Dabei lassen sich die folgenden vier Kriterien unterscheiden, die einen Einfluss auf die Methodenwahl haben:

- Organisationsstruktur,
- Organisationskultur,
- Empowerment der Mitarbeitenden und
- Führungskräfte

In Organisationen, die als *Strukturprinzip* auf starke Hierarchien sowie ausgeprägte Zentralisierung und damit auf klare Regeln und Prozesse setzen, lässt sich ein klassisches Vorgehen aufgrund der Ähnlichkeit leichter umsetzen (vgl. Paukner et al. 2018, S. 169; Scholz und Schuster 2021, S. 46; Strode et al. 2009, S. 9; Thesing et al. 2021, 753 f.). Dagegen spricht ein geringer Grad an Formalisierung innerhalb der Organisationsstruktur sowie eine egalitäre Führung, die auf Zusammenarbeit basiert, eher für ein agiles Vorgehen (vgl. Paukner et al. 2018, S. 169; Scholz und Schuster 2021, S. 46; Strode et al. 2009, S. 7).

Ist die *Organisationskultur* grundsätzlich auf Kontrolle aufgebaut, sollte wiederum ein klassisches Vorgehen gewählt werden. Die Orientierung an finanziellem Erfolg, kontinuierlichem Wachstum und dem Leistungsprinzip sind dafür ausschlaggebend. Dies führt zu einer stärkeren Individualisierung, u. a. durch Kennzahlensysteme, individuelle Zielvereinbarungen und das Credo „Wissen ist Macht". Damit geht eine geringe Fehlertoleranz einher. Ist im Gegensatz dazu Vertrauen die Grundprämisse der Organisationskultur, kann das eher ein agiles Vorgehen fördern (vgl. Laloux 2015).

In Bezug auf die Ermächtigung der Mitarbeitenden, selbstorganisiert zu arbeiten (das sog. *Empowerment*) steht besonders das strukturelle Empowerment im Fokus. Im Gegensatz zum psychologischen Empowerment beschäftigt es sich nicht mit der individuell erlebten Rolle der Teammitglieder, sondern mit organisationalen Strukturen als Rahmenbedingung für das Handeln der Mitarbeitenden. Grundlegend dafür ist ein klassisches Machtgefälle, welches zugunsten der Mitarbeitenden verändert werden soll. Relevant hierfür sind vor allem die Bereitstellung von Informationen und Ressourcen sowie die Unterstützung, diese für die eigene Arbeit auch tatsächlich nutzen zu können (vgl. Amundsen und Martinsen 2014, S. 489; Nettelbeck 2021, S. 22). Als strukturelle Maßnahmen sind flache Hierarchien, die Übernahme von Entscheidungskompetenzen für die eigenen Aufgaben als auch die ganzheitliche Bearbeitung von Aufgaben in teilautonomen Teams zu nennen (vgl. Schermuly 2015, S. 16–21; Spreitzer 2008, S. 54 ff.). Ist dieses Empowerment auf organisationaler Ebene nicht gegeben und Entscheidungen werden für das Team – und nicht durch das Team selbst – getroffen, ist ein klassisches Vorgehen zu bevorzugen (vgl. Thesing et al. 2021, S. 754). Dagegen ist das strukturelle Empowerment als förderlich für agile Methoden anzusehen (vgl. Hofmann et al. 2018, S. 46; Strode et al. 2009, S. 7).

Und schließlich sind die Führungskräfte relevant. Unterstützen oder akzeptieren diese keine agilen Methoden, gilt dies als Hindernis für deren Nutzung (vgl. Steeger und Kuhrmann 2019, S. 12; Thesing et al. 2021, S. 753). Hingegen gilt die Unterstützung oder gar die Forderung der Führungskräfte nach agilen Methoden als ein Erfolgsfaktor im Innovationsmanagement (vgl. Ciric et al. 2019, S. 1409; Cram 2019, S. 7).

Praxisbeispiel: Projekt „Rasenmäher der Zukunft" bei der Firma RasenfitKOCH
Frau Koch, die Geschäftsführerin der Firma RasenfitKOCH aus Nagold, will ihre Zukunftsinitiative nun in einem Projekt weiter ausarbeiten lassen. Dazu überlegt sie zusammen mit anderen Mitarbeitenden des Unternehmens, wie das Projekt konkret ausgestaltet sein kann.

Eine Herausforderung ist dabei, dass es aktuell zwei Stoßrichtungen für die Zukunft gibt: Die erste Produktidee geht dahin, auf Basis der bisherigen Firmenstandards, kleinere und leistungsfähigere Batterien für die Rasenmäher zu entwickeln. Der Vorteil bestünde zum einen in günstigeren Herstellungskosten und zum anderen in einer längeren Nutzungsdauer. Die zweite Idee geht in eine radikale Umwandlung des Geschäftsmodells der RasenfitKOCH. Zukünftig würden dann nicht mehr Rasenmäher verkauft, sondern über ein Mietmodell an die Kund*innen abgegeben. Dazu würden Service Level Agreements (SLA) erarbeitet, sodass die Kund*innen je nach Bedarf und SLA-Status (Bronze, Silber oder Gold) entsprechende Wartungen, Reparaturen oder Ersatzteile in vorgegebenen Zeiten erhalten. Im Gold-Status wäre es sogar so, dass die Abnutzung des Rasenmähers elektronisch geprüft und vor Ausfall eines Teils bereits gewartet werden könnte.

Frau Koch kommt nach einschlägiger Prüfung der beiden Ideen zu dem Schluss, dass Zukunftsidee 1 (Produkt Batterie) eine komplizierte Innovation darstellt, die insbesondere Exploitation erfordert und am besten mit klassischen Methoden bearbeitet werden kann (und über den Produktentwicklungsprozess umgesetzt werden kann, siehe Kap. 5). Die Zukunftsidee 2 (Geschäftsmodell Leasing und SLA) hingegen wird als komplexe Disruption verstanden, die vor allem Exploration erfordert und am besten mittels agiler Methoden bearbeitet werden sollte. Dazu wird ein Innovationsteam mit Expert*innen aus mehreren Unternehmensbereichen zusammengestellt (siehe Kap. 5).

Aus dieser Einschätzung heraus entscheidet sich Frau Koch, zwei Projekte zur Zukunft der RasenfitKOCH zu starten. Damit sich beide Projektteams optimal auf die jeweilige Aufgabe konzentrieren können, werden sie bewusst voneinander getrennt im Unternehmen verankert.

6.7 Zusammenfassung und Fazit

Unternehmen sind mit komplizierten und/oder komplexen Herausforderungen konfrontiert. Je nach Qualität der Herausforderung bietet es sich dabei an, im Innovationsmanagement entweder mit klassischen und/oder agilen Methoden zu arbeiten. Bei komplizierten Herausforderungen kann eher klassisch vorgegangen werden, während komplexe Herausforderungen mittels agiler Methoden bearbeitet werden können.

In beiden Fällen müssen Unternehmen im Innovationsmanagement sowohl exploitativ als auch explorativ vorgehen. Dazu benötigt es bestimmte strukturelle Lösungsmuster, mit denen Exploitation und Exploration gestaltet werden können: Zum einen gibt es das differenzierende Lösungsmuster, das separate Organisationseinheiten für Exploitation und Exploration schafft (strukturelle Ambidextrie). Zum anderen lässt sich das integrative Lösungsmuster finden, das innerhalb einer Organisationseinheit Exploitation und Exploration ermöglicht (kontextuelle oder auch sequenzielle Ambidextrie).

Exploitation kann mit Hilfe von klassischen Methoden gefördert werden, während Exploration durch agile Methoden unterstützt werden kann. Da Unternehmen zumeist beide Ansätze im Innovationsmanagement verfolgen, werden sie Kombinationen aus klassischen und agilen Methoden, sog. hybride Methoden und damit ein hybrides Vorgehen nutzen. Dabei lassen sich je nach Form und Ausprägung der Kombination sequenziell hybride und additiv hybride Vorgehensmodelle voneinander unterscheiden.

Zentrale Entscheidungskriterien für die Wahl des adäquaten Vorgehens liegen zunächst einmal im jeweiligen Innovationsprojekt selbst. Besonders relevant sind dabei die Komplexität des Projekts, die Möglichkeit zur Kund*innen-Interaktion und die Art des Projekts. Daneben spielen aber auch Bedingungen im Unternehmen als Kontext für das Innovationsprojekt eine wichtige Rolle. Als besonders bedeutend sind hier die Organisationsstruktur und -kultur sowie das Empowerment der Mitarbeitenden und die Führungskräfte zu nennen.

Was bedeutet das für Ihre konkreten Innovationsprojekte? Je nach der Qualität der Herausforderung können komplizierte und komplexe Anforderungen an das Innovationsmanagement unterschieden werden. Daraus resultiert der Fokus auf Exploitation oder Exploration, die wiederum differenzierend oder integrativ gelöst werden können. Je nach Variante sollte ein klassisches und/oder agiles Vorgehensmodell gewählt werden. Diese Entscheidung kann entweder für ein komplettes Innovationsprojekt gelten oder aber in den verschiedenen Phasen jeweils neu bewertet und neu entschieden werden. Dabei kann es auch vorkommen, dass in einer Phase klassische und agile Modelle miteinander gemischt werden. Dann können die Vorzüge hybrider Modelle genutzt werden. Bedenken Sie aber, dass sich Ihre Rollen ändern, je nachdem, welches Vorgehen Sie wählen. Sie sind z. B. einmal klassische Projektleitung, einmal SCRUM-Master und dann (am herausforderndsten) auch manchmal eine Mischform. Außerdem müssen die Rahmenbedingungen im Unternehmen betrachtet und bewertet werden. So kann festgestellt werden, welches Vorgehen tatsächlich unterstützt wird. Und schließlich bedarf es eines genauen Blicks auf die Trends im Innovationsmanagement und deren Bewertung hinsichtlich der Relevanz für Ihr eigenes Vorgehen. Ein aktueller Trend rückt dabei besonders in den Fokus: der Trend zu einem *nachhaltigen Innovationsmanagement*. Darauf geht das nachfolgende Kap. 7 ein.

Wiederholungs- und Verständnisfragen

- Wie heißen die beiden Dimensionen der Stacey-Matrix?
- Welche vier Typen ergeben sich aus der Stacey-Matrix?
- Was sind Merkmale einer komplexen Herausforderung?
- Wie heißen die zwei Grundherausforderungen im Innovationsmanagement?
- Wann bietet sich Exploration als Vorgehensweise an?
- Was bedeutet Ambidextrie?
- Nennen und beschreiben Sie mögliche Strukturvarianten der Ambidextrie.
- Welche Strukturvariante der Ambidextrie eignet sich besonders für KMU? Warum?
- Was bedeutet hybrides Vorgehen im ambidextren Innovationsmanagement?
- Was sind Vorteile, was sind Nachteile klassischer Methoden?
- Nennen Sie wesentliche Entscheidungskriterien für die Methodenwahl im hybriden Vorgehen.
- Was sind wichtige Voraussetzungen im Unternehmen für die Methodenwahl?

6.8   Reflexion für die Praxis und Anwendung des Gelernten

Nutzen Sie die folgenden Fragen zum Abschluss des Kap. 6 um die (bisherige) Praxis in Ihrem Unternehmen zu reflektieren und einen Blick auf die (künftige) mögliche Anwendung zu werfen.

1. Wie ist das Innovationsmanagement in Ihrem Unternehmen strukturiert?

a. Gibt es eine strukturelle Trennung zwischen der Produktweiterentwicklung und der Produktneuentwicklung oder sind beide Aufgaben in einem Team oder in einer Person vereint?

b. Ordnen Sie die Innovationsteams in Ihrem Unternehmen den beiden Ambidextrie-Varianten (strukturell, kontextuell) zu.

2. Betrachten Sie Ihre kürzlich abgeschlossenen Innovationsprojekte.
   a. Sind Sie dabei rein klassisch oder rein agil vorgegangen?
   b. Haben Sie hybride Formen des Projektmanagements genutzt und dabei klassische und agile Methoden miteinander verbunden?
   c. Wenn Sie hybrid vorgegangen sind, welche Variante haben Sie praktiziert? Sind Sie eher sequenziell oder additiv vorgegangen?

3. Schätzen Sie die Voraussetzungen in Ihrem Unternehmen hinsichtlich der vier Kriterien Organisationsstruktur, -kultur, Empowerment und Führungskräfte ein:
   a. Ist Ihr Unternehmen klassisch und hierarchisch aufgebaut?
   b. Ist Ihre Unternehmenskultur eher kompetitiv und durch KPI geprägt?
   c. Ist bei Ihnen kein strukturelles Empowerment der Teams gegeben?
   d. Gibt es keine systematische Unterstützung durch die Führungskräfte hinsichtlich agiler Methoden?

→ Je häufiger Sie mit JA geantwortet haben, desto eher sollten in Ihrem Unternehmen klassische Projekte durchgeführt werden.

4. Überlegen Sie: Wo würde es sich anbieten, in Ihrem Unternehmen hybride oder agile Vorgehensweisen – ggf. erstmals testweise – zu nutzen? Warum?

5. Was würden Sie sagen im Hinblick auf die Inhalte des Kap. 6:
   a. Welcher Handlungsbedarf besteht in Ihrem Unternehmen?
   b. Wer sollte hier federführend aktiv werden?
   c. Wer sollte noch miteinbezogen werden?

Zu Beginn dieses Buches (siehe Abschn. 1.5) haben Sie einen Projektsteckbrief für Ihr Innovationsprojekt erstellt und pro Kapitel aktualisiert. Nun geht es darum, dass Sie das Gelernte aus Kap. 6 auf Ihr Innovationsprojekt übertragen. Prüfen Sie, ob Sie Ihren Projektsteckbrief ergänzen oder detaillieren sollten. Betrachten Sie insbesondere die Rubriken „Inhalt und Ziele", „Weitere Anmerkungen" und „Umsetzung".

Nutzen Sie erneut das Quiz, das Sie zum Start des Kap. 6 ausgefüllt haben. Welche Fragen würden Sie nun anders beantworten? Überprüfen Sie Ihr Quiz abschließend anhand der Quiz-Lösungen.

Literatur

Albers A, Hirschter T, Fahl J, Reinemann J, Spadinger M, Hünemeyer S, Heimicke J (2019) Identification of indicators for the selection of agile, sequential and hybrid approaches in product development. Procedia CIRP 84:838–847. https://doi.org/10.1016/j.procir.2019.04.229

Albrecht A, Albrecht E (2021) Hybrides Projektmanagement. Gr Interakt Org 52(1):185–191. ht-
    tps://doi.org/10.1007/s11612-021-00563-z
Amundsen S, Martinsen ØL (2014) Empowering leadership: construct clarification, conceptualiza-
    tion, and validation of a new scale. Leadersh Q 25(3):487–511
Brix J (2019) Ambidexterity and organizational learning: revisiting and reconnecting the literatures.
    Learn Organ 26(4):337–351. https://doi.org/10.1108/TLO-02-2019-0034
Brix J (2020) Building capacity for sustainable innovation: a field study of the transition from ex-
    ploitation to exploration and back again. J Clean Prod 268:1–12. https://doi.org/10.1016/j.jcle-
    pro.2020.122381
Ciric D, Lalic B, Gracanin D, Tasic N, Delic M, Medic N (2019) Agile vs. traditional approach in
    project management: strategies, challenges and reasons to introduce agile. Procedia Manuf
    39:1407–1414
Clauss T, Kraus S, Kallinger FL, Bican PM, Brem A, Kailer N (2020) Organizational ambidexterity
    and competitive advantage: the role of strategic agility in the exploration-exploitation paradox. J
    Innov Knowl 20(3):1. https://doi.org/10.1016/j.jik.2020.07.003
Conforto EC, Amaral DC (2016) Agile project management and stage-gate model—a hybrid frame-
    work for technology-based companies. J Eng Technol Manage 40:1–14
Cooper RG (2008) Perspective: the stage-gate ® idea-to-launch process – update, what's new, and
    NexGen systems. J Prod Innov Manag 25(3):213–232. https://doi.org/10.1111/j.1540-5885.
    2008.00296.x
Copola Azenha F, Aparecida Reis D, Leme Fleury A (2021) The role and characteristics of hybrid
    approaches to project management in the development of technology-based products and ser-
    vices. Proj Manag J 52(1):90–110. https://doi.org/10.1177/8756972820956884
Cram WA (2019) Agile development in practice: lessons from the trenches. Inf Syst Manag
    36(1):2–14. https://doi.org/10.1080/10580530.2018.1553645
Duncan RB (1976) The ambidextrous organization: designing dual structures for innovation. In:
    Killman RH, Pondy LR, Sleven D (Hrsg) The management of organization. North Holland,
    New York, S 167–188
Gibson C, Birkinshaw J (2004) The antecedents, consequences, and mediating role of organizational
    ambidexterity. Acad Manag J 47(2):209–226. https://doi.org/10.2307/20159573
Greger RTA (2021) 9 Schritte zum besseren Business Model Anleitung zum Business-Model-
    Canvas: Design-Thinking-Tank. Independently published
Gupta AK, Smith KG, Shalley CE (2006) The interplay between exploration and exploitation. Acad
    Manag J 49(4):693–706. https://doi.org/10.5465/AMJ.2006.22083026
Hauschildt J, Salomo S, Schultz C, Kock A (2016) Innovationsmanagement, 6., vollst. ak. u. über-
    arb. Aufl. Franz Vahlen (Vahlens Handbücher), München
Häusling A, Fischer S (Hrsg) (2020) Der Weg zur agilen HR-Organisation. Modelle und Praxisbei-
    spiele für erfolgreiche Transformationen. (Haufe Fachbuch), Freiburg
Hayata T, Han J (2011) A hybrid model for IT project with Scrum, S 285–290. https://doi.
    org/10.1109/SOLI.2011.5986572
Hofmann C, Lauber S, Haefner B, Lanza G (2018) Development of an agile development method
    based on Kanban for distributed part-time teams and an introduction framework. Procedia Manuf
    23:45–50
Kannan V, Jhajharia S, Verma S (2014) Agile vs waterfall: a comparative analysis. Int J Sci Eng
    Technol Res 3(10):2680–2686
Klimke D, Lautmann R, Stäheli U, Weischer C, Wienold H (2020) Lexikon zur Soziologie, 6., über-
    arb. und erw. Aufl. Springer VS, Wiesbaden/Heidelberg
Kotter JP (2015) Accelerate. Strategischen Herausforderungen schnell, agil und kreativ begegnen.
    Franz Vahlen, München

Kuster J, Bachmann C, Huber E, Hubmann M, Lippmann R, Schneider E et al (2019) Handbuch Projektmanagement. Agil – klassisch – hybrid, 4. Aufl. Springer Gabler, Berlin

Laloux F (2015) Reinventing organizations. Ein Leitfaden zur Gestaltung sinnstiftender Formen der Zusammenarbeit. Franz Vahlen, München

Lubatkin MH, Simsek Z, Ling Y, Veiga JF (2006) Ambidexterity and performance in small-to medium-sized firms: the pivotal role of top management team behavioral integration. J Manag 32(5):646–672

Luder R (2022) Rationale Entscheidungen zwischen klassischen und/oder agilen Methoden des Projektmanagements in Innovationsprozessen – Eine Exploration von Entscheidungskriterien im Kontext der Personalentwicklung. Hochschule Pforzheim, Pforzheim

March JG (1991) Exploration and exploitation in organizational learning. Organ Sci 2(1):71–87

Mills AJ, Berthon PR, Pitt C (2020) Agile authorship: evolving models of innovation for information-intensive offerings. J Bus Res 110:577–583. https://doi.org/10.1016/j.jbusres.2018.05.010

Mu T, van Riel A, Schouteten R (2022) Individual ambidexterity in SMEs: towards a typology aligning the concept, antecedents and outcomes. J Small Bus Manag 60(2):347–378. https://doi.org/10.1080/00472778.2019.1709642

Nemanich LA, Keller RT, Vera D (2007) Managing the exploration/exploitation paradox in new product development: how top executives define their firm's innovation trajectory. Int J Innov Technol Manag 4(3):351–374

Nettelbeck H (2021) Das Und in der Unternehmensführung. Z Führ Organ 1:21–23

Niewöhner N, Asmar L, Wortmann F, Röltgen D, Kühn A, Dumitrescu R (2019) Design fields of agile innovation management in small and medium sized enterprises. Procedia CIRP 84:826–831

O'Reilly CA, Tushman ML (2004) The ambidextrous organisation. Harv Bus Rev 82(4):74–81

Paluch S, Antons D, Brettel M, Hopp C, Salge T-O, Piller F, Wentzel D (2020) Stage-gate and agile development in the digital age: promises, perils, and boundary conditions. J Bus Res 110:495–501

Paukner M, Seel C, Timinger H (2018) Projektparameter für das Tailoring hybrider Projektmanagementvorgehensmodelle, S 166–176

Pleschak F, Sabisch H (1996) Innovationsmanagement. Schäffer-Poeschel, Stuttgart

Raisch S (2008) Balanced structures: designing organizations for profitable growth. Long Range Plann 41(5):483–508

Schermuly CC (2015) Empowerment: Die Mitarbeiter stärken und entwickeln, 1–13. https://doi.org/10.1007/978-3-642-55213-7_25-1

Scholz G, Schuster T (2021) ProPhi: Eine neue Methode zur Auswahl einer passenden Projektmanagementphilosophie. In: M Engstler, M. Fazal-Baqaie 45. WI-MAW-Rundbrief. Schwerpunktthema: Datengetriebene Anwendungen und Innovationstreiber im Projektmanagement zukunftsfähiger Organisationen 2021, S 44–55

Schumacher T, Wimmer R (2019) Der Trend zur hierarchiearmen Organisation. Zur Selbstorganisationsdebatte in einem radikal veränderten Umfeld. Organ Entwickl 2:12–18

Schwaber K, Sutherland J (2016) The scrum guide. The definitive guide to scrum: the rules of the game. https://scrumguides.org/docs/scrumguide/v2016/2016-Scrum-Guide-US.pdf. Zugegriffen am 19.04.2022

Simsek Z (2009) Organizational ambidexterity: towards a multilevel understanding. J Manag Stud 46(4):597–624. https://doi.org/10.1111/j.1467-6486.2009.00828.x

Smolnik T, Bergmann T (2020) Structuring and managing the new product development process – review on the evolution of the Stage-Gate® process. J Bus Chem 1:41–57. https://doi.org/10.17879/22139478907

Soosay C, Hyland P (2008) Exploration and exploitation: the interplay between knowledge and continuous innovation. Int J Technol Manag 42(1–2):20–35

Spreitzer G (2008) Taking stock: a review of more than twenty years of research on empowerment at work. In: Barling J, Cooper CL (Hrsg) Handbook of organizational behavior, Bd 1. Sage, Thousand Oaks, S 54–72. https://doi.org/10.4135/9781849200448.n4

Stacey RD (1993) Strategy as order emerging from Chaos. Long Range Plann 26(1):10–17

Stacey RD (1995) The science of complexity: an alternative perspective for strategic change. Strateg Manag J 16(6):477–495

Stacey RD (1996) Complexity and creativity in organizations. Berrett-Koehler Publishers San Francisco, CA

Steeger O, Kuhrmann M (2019) Reines agiles Vorgehen kein „Allheilmittel" Hybride Prozesse haben sich in Unternehmen durchgesetzt. Projektmanagement aktuell 3:6–15

Strode DE, Huff SL, Tretiakov A (2009) The impact of organizational culture on agile method use. In: Proceedings of the 42nd Hawaii international conference on System Sciences, S 1–9

Thesing T, Feldmann C, Burchardt M (2021) Agile versus waterfall project management: decision model for selecting the appropriate approach to a project. Proc Comput Sci 181:746–756. https://doi.org/10.1016/j.procs.2021.01.227

Thom N (1980) Grundlagen des betrieblichen Innovationsmanagements, 2. Aufl. Hanstein, Königstein/Ts

Timinger H, Seel C (2016) Ein Ordnungsrahmen für adaptives hybrides Projektmanagement. Projektmanagement aktuell 4:55–61

Vahs D, Brem A (2015) Innovationsmanagement. Von der Idee zur erfolgreichen Vermarktung, 5., überarb. Aufl. Schäffer-Poeschel, Stuttgart

Zimmerman B (2001) Ralph Stacey's agreement & certainty matrix. Schulich School of Business, York University, Toronto

Zimmerman B, Hayday B (1999) A board's journey into complexity science: Lessons from (and for) staff and board members. Group Decis Negot 8:281–303

Zukunft des Innovationsmanagements: Nachhaltigkeit

7

Um den Anforderungen an eine nachhaltige Entwicklung von Unternehmen gerecht zu werden, spielt die Integration von Nachhaltigkeitsaspekten in Innovationsaktivitäten eine zunehmend wichtige Rolle. In diesem Kapitel werden geeignete Konzepte und Methoden zur praktischen Umsetzung einer solchen Integration in die einzelnen Phasen des Innovationsprozesses beschrieben.[1]

Lernziele für dieses Kapitel: Die Leserinnen und Leser …

- verstehen die Relevanz von Nachhaltigkeitsthemen für Unternehmen,
- wissen um die Bedeutung der Berücksichtigung von Aspekten der Nachhaltigkeit im Innovationsmanagement,
- kennen Konzepte und Methoden zur Berücksichtigung von Nachhaltigkeitsaspekten im Innovationsprozess.

Nutzen Sie für dieses Kapitel das Lerntagebuch – http://www.hs-pforzheim.de/IMBuch.

Beantworten Sie die Fragen des Quiz zum Kapitel. Die Überprüfung findet erst am Ende des Kapitels statt.

In Abb. 7.1 finden Sie das Gesamtbild „Ambidextres Innovationsmanagements in KMU". Nachhaltigkeitsaspekte sind in allen Phasen des dort dargestellten Innovationsprozesses integrativ zu berücksichtigen.

---

[1]Autor*innen dieses Kapitels sind Claus Lang-Koetz, Annika Reischl, Stephan Fischer, Sabrina Weber, Anina Kusch und Philipp Preiss.

© Der/die Autor(en) 2023
C. Lang-Koetz et al., *Ambidextres Innovationsmanagement in KMU*,
https://doi.org/10.1007/978-3-662-66458-2_7

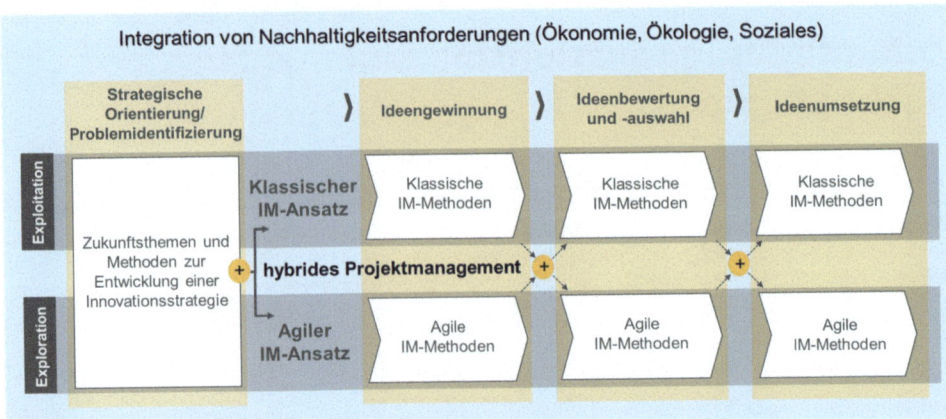

Abb. 7.1 Gesamtbild „Ambidextres Innovationsmanagement in KMU" mit Integration von Nachhaltigkeitsanforderungen (entwickelt im Forschungsprojekt InnoDiZ; Phasenmodell aufbauend auf Pleschak und Sabisch 1996; Thom 1980; Vahs und Brem 2015)

7.1   Nachhaltigkeit und Unternehmen

Der menschengemachte Klimawandel und die zunehmende Umweltverschmutzung finden mittlerweile weltweit auch in Unternehmen große Beachtung (vgl. Kunzlmann et al. 2021; Sassen et al. 2021). Eine nachhaltige Entwicklung zu verfolgen, ist Zielsetzung vieler Länder und Gesellschaften.

„*Nachhaltige Entwicklung* ist eine Entwicklung, die die Bedürfnisse der Gegenwart befriedigt ohne die Möglichkeiten zukünftiger Generationen zu gefährden ihre eigenen Bedürfnisse befriedigen zu können." (United Nations 1987, S. 16). Diese Definition ist in Wissenschaft, Gesellschaft und der Wirtschaft weitestgehend anerkannt, aber schwer zu konkretisieren – gerade für den Unternehmenskontext. In der Praxis muss betrachtet werden, was die nachhaltige Entwicklung für Unternehmen bedeutet und welche Ziele man damit verbindet.

Zur Konkretisierung haben die Vereinten Nationen *Ziele der nachhaltigen Entwicklung* in 17 sogenannten „Sustainable Development Goals" (SDGs wie in Tab. 7.1 dargestellt) konkretisiert (United Nations 2015). Dabei werden soziale Ziele wie die Vermeidung von Armut, Vermeidung von Hunger, die Steigerung von Gesundheit und Wohlergehen und die Verbesserung von ökonomischen Aspekten wie z. B. nachhaltiger Konsum und nachhaltige Produktion und eine funktionierende Industrie, Innovation und Infrastruktur adressiert. Bei den Umweltthemen stehen Maßnahmen zum Klimaschutz, das Leben unter Wasser und das Leben an Land im Mittelpunkt. Die Ziele sind jeweils mit konkreten Indikatoren und Handlungsempfehlungen hinterlegt (siehe dazu auch Übung 7.1 weiter unten in diesem Kapitel).

Eine weitere Möglichkeit, nachhaltige Entwicklung zu präzisieren, ist die auch in der Unternehmenspraxis verbreitete integrierte Betrachtung der folgenden *drei Dimensionen* (siehe z. B. Pufé 2017):

Tab. 7.1 Sustainable Development Goals (Ziele der nachhaltigen Entwicklung) (United Nations 2015)

Nummer	Ziel
1	Keine Armut
2	Kein Hunger
3	Gesundheit und Wohlergehen
4	Chancengerechte und hochwertige Bildung
5	Geschlechtergleichheit
6	Sauberes Wasser und sanitäre Einrichtungen
7	Bezahlbare und saubere Energie
8	Gute Arbeit und Wirtschaftswachstum
9	Industrie, Innovation und Infrastruktur
10	Weniger Ungleichheiten
11	Nachhaltige Städte und Gemeinden
12	Nachhaltiger Konsum und Produktion
13	Klimaschutz und Anpassung
14	Leben unter Wasser
15	Leben an Land
16	Frieden, Recht und starke Institutionen
17	Partnerschaft zur Erreichung der Ziele

- Umweltdimension (Berücksichtigung der Auswirkungen auf die Umwelt wie Wasser, Boden, Luft),
- soziale Dimension (z. B. Berücksichtigung der Arbeitsbedingungen in der Lieferkette),
- wirtschaftliche Dimension (insbesondere die langfristige wirtschaftliche Tragfähigkeit bei gleichzeitiger Erhaltung der erforderlichen natürlichen Ressourcen).

In der Wirtschaft werden aktuell insbesondere folgende Themen diskutiert:

- die Reduktion von Treibhausgasemissionen von Produktion und Produkten (anhand des Indikators CO_2-Fußabdruck), insbesondere unter Nutzung des Greenhouse Gas Protocols (vgl. WBCSD und WRI 2004) und
- das Konzept der Circular Economy[2] (Verlängerung der Produktlebensdauer, Schließen von Kreisläufen über Wiederverwertung, Recycling und Rückgewinnung von Produkten und Materialien (vgl. Kirchherr et al. 2017)).

Jedoch gibt es nicht nur diese, sondern eine Reihe weiterer wichtiger *Nachhaltigkeitsaspekte*, die mehr oder weniger komplex zusammenhängen. Diese werden im Folgenden näher beschrieben.

---

[2] Circular Economy bezieht sich auf die gesamte Wertschöpfungskette und die Schaffung einer zirkulären Wirtschaft vom Rohstoffabbau bis hin zum Recycling (vgl. European Commission 2015). Das Prinzip der Kreislaufwirtschaft beruht auf dem Kreislaufwirtschafts- und Abfallgesetz (vgl. Kreislaufwirtschaftsgesetz 2012) und implementiert die Abfallhierarchie, wie sie in der EU-Abfallrahmenrichtlinie (vgl. European Union 2008) beschrieben ist. Der Begriff der Kreislaufwirtschaft deckt sich daher nur zum Teil mit dem ganzheitlichen Gedanken der Circular Economy.

Nachhaltigkeit ist in vielen Unternehmen in den letzten Jahren ein wichtigeres Thema geworden (vgl. Kunzlmann et al. 2021). Externe *Treiber zur Umsetzung von Nachhaltigkeitsthemen* in Unternehmen sind insbesondere Geschäftskund*innen, Unternehmensleitung, Politik und Gesetzgebung sowie Investor*innen (vgl. Kunzlmann et al. 2021), aber auch Anforderungen von Kund*innen und die Wahrnehmung gesellschaftlicher und ökologischer Verantwortung (vgl. Sassen et al. 2021). Oft führt auch das Interesse, Betriebskosten zu senken, neue Märkte zu erschließen oder die Nachfrage bestehender Kund*innen zu decken dazu, dass Nachhaltigkeitsthemen verstärkt adressiert werden (interne Treiber) (vgl. Sassen et al. 2021; Deloitte 2021).

Über ein *Nachhaltigkeitsmanagement* (auch Corporate Sustainability Management) können Nachhaltigkeitsaspekte im Unternehmen aktiv aufgearbeitet werden. Ziel ist dabei, ökonomische, ökologische und soziale Aspekte integriert zu betrachten und somit einen Beitrag zur nachhaltigen Entwicklung insgesamt zu leisten (vgl. Schaltegger 2013).

Konkrete Themen für Unternehmen sind hier zum Beispiel die Reduzierung der CO_2-Emissionen, das Schließen von Kreisläufen, die Verringerung von Abfall, der effiziente Umgang mit Material und Energie oder die Nutzung von Recycling-Materialien oder Materialien aus nachwachsenden Rohstoffen (im Sinne einer Circular Economy). Aus sozialer Perspektive spielt oft die Frage nach den Arbeitsbedingungen im Unternehmen und in der Lieferkette eine wichtige Rolle (vgl. Sassen et al. 2021).

Bei der Umsetzung eines Nachhaltigkeitsmanagements sollten verschiedene Abteilungen im Unternehmen eingebunden werden, insbesondere Geschäftsleitung, Produktion, Einkauf, Vertrieb, Qualitätsmanagement, Logistik. Aber auch das Personalmanagement kann einen wichtigen Beitrag zur Förderung von Nachhaltigkeit im Unternehmen leisten (vgl. Fischer et al. 2019). Das Innovationsmanagement und die Entwicklung neuer Produkte und Lösungen spielen hier eine wichtige Rolle. Im Folgenden wird nun betrachtet, über welche Ansätze und Methoden Nachhaltigkeitsaspekte in Innovationsaktivitäten und im Innovationsmanagement integriert werden können.

7.1.1 Nachhaltigkeit und Innovation

Nachhaltigkeit hat für das Innovationsmanagement eine hohe Relevanz (vgl. Lang-Koetz und Schimpf 2019). Hier nimmt der Begriff *nachhaltigkeitsorientierte Innovation* eine zentrale Rolle ein. Dabei geht es um die Schaffung und Realisierung von sozialem und ökologischem Mehrwert zusätzlich zu wirtschaftlichen Erträgen; es werden relative Verbesserungen im Vergleich zu einer früheren oder anderen Einheit erzielt (vgl. Klewitz und Hansen 2014; Paech 2007; Hansen et al. 2009). Der klassische Innovationsbegriff wird also um die Nachhaltigkeitsperspektive ergänzt.

Wie ist nun der Stand der Dinge zu diesem Thema in der Praxis? In einer Umfrage unter 110 deutschen Industrieunternehmen (davon lediglich 27 % KMU) wurde ermittelt, inwiefern Nachhaltigkeitsaspekte bereits im Innovationsmanagement integriert sind (vgl. Lang-Koetz und Schimpf 2019). Es zeigte sich, dass 58 % der teilnehmenden Unternehmen schon konkrete Ziele in Bezug auf Nachhaltigkeit in ihrer Innovationsstrategie haben. Weiterhin wurde gefragt, ob es Bewertungskriterien in Bezug auf Nachhaltigkeit im Innovationsprozess gibt. Hier gaben mehr als die Hälfte der Befragten (58 %) an, ökologische Kriterien in ihrem Innovationsprozess zu nutzen; 40 % nutzen soziale Kriterien. Auch wurde eine mögliche Zusammenarbeit zwischen Nachhaltigkeitsmanagement und Innovationsmanagement im Unternehmen beleuchtet: Nur ein Viertel der befragten Unternehmen (24,5 %) beziehen Expert*innen aus dem Nachhaltigkeitsmanagement in Innovationsaktivitäten des Unternehmens mit ein. Als Fazit stellte sich heraus, dass Nachhaltigkeit noch kein integraler Bestandteil des Innovationsmanagements von Unternehmen ist (vgl. Lang-Koetz und Schimpf 2019).

Betrachtet man nun Umweltaspekte als einen Teilaspekt der Nachhaltigkeit, so spielt der *ökologische Produktlebensweg* eine wichtige Rolle. In ihm werden die aufeinanderfolgenden und miteinander verknüpften Phasen eines Produktsystems von der Rohstoffbeschaffung oder Erzeugung aus natürlichen Ressourcen über Produktion, Logistik und Nutzung des Produkts bis zur endgültigen Entsorgung betrachtet (vgl. Herrmann 2010). Diese Prozessbetrachtung ist nötig, um die Interaktion mit der Umwelt zu ermitteln (siehe Abb. 7.2): In den verschiedenen Schritten werden immer wieder Rohstoffe und Energie benötigt. Es entstehen Emissionen z. B. in Luft, Boden oder Wasser und damit schlussendlich Auswirkungen auf die Umwelt und die menschliche Gesundheit.

Über eine *Ökobilanz* können neben dem Produktionsprozess eines Produkts die gesamten Emissionen durch vor- und nachgelagerte Prozesse und durch die Verwendung des Produktes sowie dessen Lebensende berücksichtigt werden. Je nachdem welche Materialvariante oder welcher Verarbeitungs- oder Transportprozess verwendet wird, können ganz unterschiedliche Auswirkungen entstehen. Diese werden über Indikatoren zur Beschreibung von

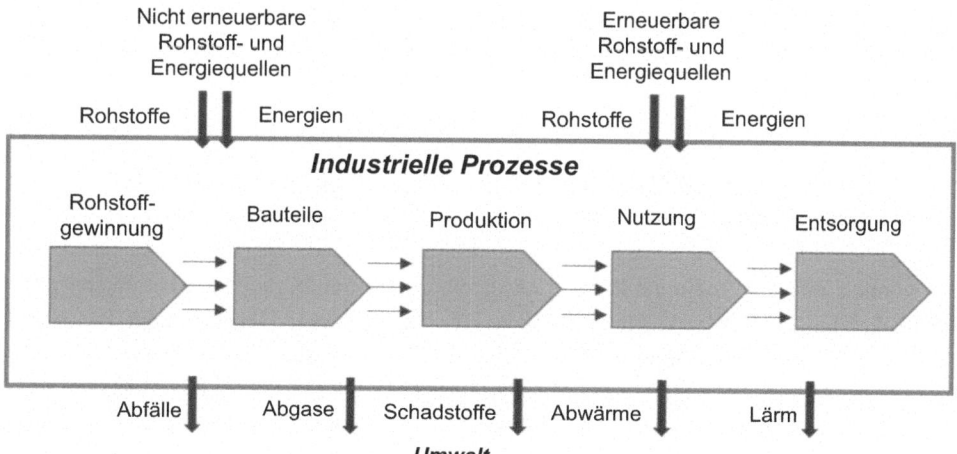

Abb. 7.2 System Industrie und Umwelt (in Anlehnung an Herrmann 2010, mit freundlicher Genehmigung von © Springer-Verlag GmbH Deutschland, ein Teil von Springer Nature 2010. All Rights Reserved)

Umweltaspekten dargestellt. So kann in der Umweltwirkungskategorie Klimawandel das Treibhausgaspotenzial in CO_2-Äquivalenten pro Kilogramm verwendeter Materialien oder pro Funktion eines Produkts/einer Lösung betrachtet werden. Analog wird auch mit anderen Umweltaspekten verfahren (z. B. Ozonschichtabbau, Eutrophierung, Versauerung, Humantoxizität, Ökotoxizität, Landnutzung und Ressourcenabbau). Die Bilanzierung basiert auf der Methode der Ökobilanz (ISO 14040 2006). Dazu sind diverse praktische Leitfäden verfügbar wie z. B. das Buch von Klöpffer und Grahl (vgl. Klöpffer und Grahl 2011).

Generell macht es Sinn, Umweltaspekte so früh wie möglich im Innovationsprozess zu berücksichtigen. Am Anfang steht eine vielleicht noch wenig konkrete Innovationsidee, die nach und nach weiter ausgestaltet wird. So wird z. B. zunächst ein Prototyp erstellt und kontinuierlich verbessert, eine neue Produktionslinie aufgebaut, neue Logistik- und Vertriebsstrukturen werden errichtet und am Ende wird das neue Produkt auf den Markt gebracht. Das Wissen über Umweltaspekte steigt allerdings erst im Laufe dieser Innovationsaktivitäten, denn je konkreter die Ausgestaltung des Produkts und dessen Herstellungsweise ist, desto besser kann analysiert werden, welche Umweltwirkungen und welche sozialen Folgen im Produktlebensweg entstehen können (vgl. Züst 1998).

Auf der anderen Seite gibt es gerade zu Beginn des Innovationsprozesses noch große *Einflussmöglichkeiten auf Umweltaspekte und Kosten* (vgl. Züst 1998). Soll z. B. ein Material durch ein anderes mit geringerem CO_2-Fußabdruck ersetzt werden, dann ist dies im frühen Stadium noch relativ einfach realisierbar. Gegen Ende des Innovationsprozesses wird ein Materialwechsel schwieriger, da schon viele Entscheidungen getroffen wurden. Eventuell wurde schon eine Produktionsanlage in Betrieb genommen, auf der nur das Material verarbeitet werden kann, für das man sich am Anfang entschieden hat. Ein Austausch kann entsprechend mit erheblichen Kosten verbunden sein. Man sollte sich also schon in den frühen Phasen des Innovationsprozesses Gedanken machen, wie mögliche ökologische aber auch soziale und ökonomische Wirkungen des zukünftigen Produkts in dessen Lebensweg aussehen können und welche Optimierungsmöglichkeiten es gibt.

7.2   Konzepte und Methoden für nachhaltigkeitsorientierte Innovation

Wo können aber Unternehmen konkret ansetzen, um Nachhaltigkeitsaspekte im Innovationsmanagement zu berücksichtigen? Basis für die weiteren Überlegungen ist das in Abschn. 1.3 vorgestellte Phasenmodell (siehe Abb. 7.1 am Anfang dieses Kapitels): Nachhaltigkeitsrelevante Themen sind hier integrativ zu betrachten, es werden also keine weiteren Phasen hinzugefügt. Entsprechend werden im Folgenden konkrete Konzepte und Methoden für die einzelnen Phasen des Innovationsprozesses dargestellt, die eine Berücksichtigung von Nachhaltigkeitsaspekten unterstützen. Zunächst liegt der Fokus auf Umweltaspekte, später werden dann auch soziale Aspekte adressiert.

7.2.1 Nachhaltigkeit in der strategischen Orientierung/ Problemidentifizierung

In der Phase der strategischen Orientierung und Problemidentifizierung wird die Frage adressiert, wie sich das Unternehmen langfristig auf nachhaltige Entwicklungen ausrichten kann, indem nachhaltigkeitsorientierte Innovationen geschaffen und vorangetrieben werden. Hierfür ist es wichtig zu betrachten welche Treiber es gibt und wie Stakeholder das Thema forcieren. In diesem Kontext können folgende Fragen zur Berücksichtigung von Nachhaltigkeitsaspekten helfen:

- Welche Entwicklungen im Umfeld des Unternehmens sind relevant, z. B. Veränderungen in Markt, Gesellschaft, Gesetzgebung oder Technologien?
- Welche Anforderungen gibt es heute und womöglich in Zukunft, die berücksichtigt werden sollten (wie z. B. niedriger CO_2-Fußabdruck, Recyclingmöglichkeit oder Anforderungen an die Transparenz in Lieferketten)?
- Gibt es im bestehenden Portfolio eine Lücke, die ausgefüllt werden sollte?
- Inwiefern müssen bestehende Kompetenzen des Unternehmens ergänzt werden, um Umwelt- und weitere Nachhaltigkeitsaspekte einbringen zu können und welche Partner werden hierfür benötigt?

In Kap. 2 wurden Methoden für die Phase der strategischen Orientierung betrachtet, wie die Analyse von Megatrends und Zukunftsthemen sowie verschiedene Methoden zur Entwicklung einer Innovationsstrategie, z. B. Umfeldanalyse, Technologielebenszyklus oder SWOT-Analyse. Dort können auch ökologische und soziale Aspekte mit betrachtet werden.

Jedoch sollten sich Unternehmen zusätzlich mit den Zielen der Vereinten Nationen für nachhaltige Entwicklung auseinandersetzen (siehe Tab. 7.1) und diese, soweit relevant, für sich konkretisieren. Im Mittelpunkt steht hierbei die Frage, welchen *Beitrag das Unternehmen zur Erreichung der SDGs* leisten kann (siehe dazu auch Übung 7.1).

Übung 7.1: SDG-Analyse

- Nutzen Sie die hier erläuterte *SDG-Analyse*, um Nachhaltigkeitsaspekte bei der strategischen Orientierung zu integrieren:
- Schauen Sie sich die SDGs und die jeweiligen Unterziele an – z. B. unter https://www.bmz.de/de/agenda-2030
- Wählen Sie drei SDGs aus, die den größten Bezug zu Ihrem Unternehmen oder den Produkten/Lösungen Ihres Unternehmens haben.
- Erörtern Sie den Beitrag Ihres Unternehmens oder der Produkte Ihres Unternehmens zu diesen von Ihnen gewählten drei SDGs:
  Welche Auswirkungen (positive und negative) hat das Unternehmen oder Produkt auf das jeweilige SDG?
- Entwickeln Sie, ggf. im Team, Strategien für einen verstärkten positiven Beitrag des Unternehmens oder der Produkte zu den SDGs.

Unter http://www.hs-pforzheim.de/IMBuch finden Sie eine Vorlage zur Dokumentation Ihrer Ergebnisse der SDG-Analyse. ◀

Politische Ziele und Gesetze sind ein wichtiger Treiber nachhaltigkeitsorientierter Innovationen. Aufkommende Trends wie Markt- und Technologietrends oder regulatorische Trends gilt es zu beachten. Hier müssen Entwicklungen sowohl auf nationaler als auch internationaler Ebene berücksichtigt werden. Es lohnt sich außerdem eine Stakeholder-Analyse vorzunehmen (die Vorgehensweise ist in Gasde et al. 2020 dargestellt).

Existiert im Unternehmen bereits eine ausformulierte Nachhaltigkeitsstrategie, so sollte diese näher betrachtet und die Innovationstrategie darauf ausgerichtet werden. Möglicherweise sind bereits Analysen und Berechnungen zu Treibhausgasemissionen nach *dem Greenhouse Gas Protocol* durchgeführt worden (vgl. WBCSD und WRI 2004). Diese können als gute Informationsgrundlage zur strategischen Orientierung und Problemidentifizierung dienen.

Von zentraler Bedeutung ist hierbei, dass konkretisiert wird, was Nachhaltigkeit für das Unternehmen und dessen Branche bedeutet und welche spezifischen Anforderungen sich daraus ergeben. Das Unternehmen sollte festlegen, ob es eine Pionier- oder Folgerposition einnehmen will. Schlussendlich sollten konkrete Ziele formuliert werden, wie Nachhaltigkeitsaspekte in der Innovationsstrategie eine Rolle spielen sollen. Mögliche Innovationsziele könnten sein:

- Reduktion des CO_2-Fußabdrucks der Produkte um 40 % bis zum Jahr 2030
- Umstieg auf Recycling-Werkstoffe, z. B. Umsetzung eines Recyclinganteils von 50 % bei Kunststoffen
- Reduktion des Energieverbrauchs der Produkte um 20 %
- Erreichung der Klimaneutralität der eigenen Produkte bis 2030
- Entwicklung eines Circular Economy-Geschäftsmodells, in dem Produkte zurückgenommen, wiederaufgearbeitet und dann verkauft werden (Remanufacturing/Refurbishment)

Schließlich stellt sich noch die Frage, ob das Unternehmen die richtigen Partner im Netzwerk besitzt, um nachhaltigkeitsorientierte Innovationen anzugehen. Eventuell können neue Partnerschaften Sinn machen, z. B. mit anderen Lieferanten als bisher, mit besonders interessierten Kund*innen, vielleicht aber auch mit einem Forschungsinstitut oder einer Nachhaltigkeitsberatung.

7.2.2 Nachhaltigkeit in der Ideenphase

In der Ideenphase steht im Mittelpunkt wie Ideen für nachhaltigkeitsorientierte Innovationen generiert werden können. In Kap. 3 wurde bereits dargestellt, welche Innovationsauslöser es gibt. Es wurden klassische und agile Methoden wie die Situations- und Problemanalyse, Kreativitätstechniken und Design Thinking vorgestellt.

Die Berücksichtigung von Nachhaltigkeitsaspekten bedeutet hier, sich nochmals verstärkt damit zu beschäftigen was Kund*innen und Nutzer*innen fordern. Wo also liegt der konkrete Bedarf und was sind die Nachhaltigkeitsanforderungen, die an das Unternehmen und die Produkte jetzt und in Zukunft gestellt werden? Damit sollte man sich intensiv beschäftigen, insbesondere vor dem Hintergrund, dass es womöglich zu veränderten Bedürfnissen bei den Kund*innen kommt. Auch sollte analysiert werden, welche Zahlungs- und Kaufbereitschaft für nachhaltige Produkte und Lösungen vorhanden ist.

Ein bestehendes Produkt kann durch eine *Ökobilanz* näher analysiert und negative Umweltwirkungen aufgedeckt werden. Identifizierte Probleme können ein Ansatzpunkt für die Suche nach neuen Ideen sein, um das Produkt zu verbessern oder ganz neue Alternativen zu entwickeln. *Ideenwettbewerbe* speziell mit dem Fokus auf Nachhaltigkeitsaspekte können gestartet werden. In Workshops können *Kreativitätstechniken* mit Fokus auf Nachhaltigkeit genutzt werden (siehe folgende Übung 7.2).

Übung 7.2: Kreativitätstechniken auf Umweltaspekte angewendet

Nutzen Sie die hier erläuterten *Kreativitätstechniken*, um Umweltaspekte in der Ideenphase zu integrieren. Umweltthemen dienen als Orientierungsrahmen und beeinflussen so die Denkrichtung der Teilnehmenden. Diese Übungen eignen sich zur Bearbeitung im Team.

6-3-5-Methode & Umwelt

- Wählen Sie drei Themen mit Bezug zu Umwelt- oder Nachhaltigkeitsaspekten aus für die Ideen generiert werden sollen. Das könnten z. B. Circular Economy, Sharing Economy oder Klimaneutralität sein. Diese dienen als Orientierungsrahmen und sollen die Denkrichtung der Teilnehmenden lenken.
- Dann kann die 6-3-5 Methode wie gewohnt angewendet werden, wobei jede/r Teilnehmende Ideen für diese drei Themen generieren soll.

Unter http://www.hs-pforzheim.de/IMBuch finden Sie eine Vorlage für die Anwendung der Methode.

6-Life-Cycle-Thinking-Hüte (in Anlehnung an die 6-Hüte-Methode nach de Bono 1992), (siehe Abb. 7.3)

- Teilen Sie die sechs Hüte unter den sechs Teilnehmenden dieser Übung auf. Je nach zugeteilter Hutfarbe nehmen Sie die Perspektive einer Phase im (ökologischen) Produktlebenszyklus ein und beleuchten eine Idee umfassend aus dieser Perspektive.
- Diskutieren Sie die Umweltwirkungen der Idee, die über den gesamten Lebensweg auftreten können und decken Sie Abwägungspunkte (sogenannte „trade-offs") zwischen den verschiedenen Lebenszyklusphasen auf.

Unter http://www.hs-pforzheim.de/IMBuch finden Sie eine Vorlage für die Anwendung der Methode. ◄

Abb. 7.3 6-Hüte-Methode mit ökologischer Perspektive (in Anlehnung an 6-Hüte-Methode nach de Bono 1992)

Weiterhin können Impulse von außerhalb des Unternehmens genutzt werden, z. B. aus anderen Branchen. *Impulse von Forschungseinrichtungen* wie Universitäten, Hochschulen oder beispielsweise Institute der Fraunhofer-Gesellschaft können Innovationsideen generieren.

Grüne Startups können betrachtet werden, also junge Unternehmen mit einer innovativen Geschäftsidee, die in der Green Economy aktiv sind und eine „positive gesellschaftliche oder ökologische Wirkung erzielen" möchten (Fichter und Olteanu 2022, S. 35). Viele von ihnen entwickeln radikale Innovationsideen und haben potenziell großes Interesse, sich mit etablierten Unternehmen auszutauschen und ihre Ideen zu teilen. Geschäftsideen von grünen Startups können als Inspiration für eigene Aktivitäten genutzt werden oder es kann eine Kooperation mit einem geeigneten Startup initiiert werden.

Eine weitere Möglichkeit besteht darin, die *Circular Economy als Ideenimpuls* zu nutzen. Mit einer von Tobias Berndt entwickelten Methode können beispielsweise kreative Ideen für Circular-Economy-Geschäftsmodelle generiert werden. Dazu setzen sich Teilnehmende aus Unternehmen zunächst inhaltlich mit dem „zirkulären Wirtschaften" auseinander: Sie lernen Beispiele kennen, wie Unternehmen bereits jetzt Circular-Economy-Geschäftsmodelle einsetzen. Danach arbeiten sie in einem Workshop-Setting (in Präsenz oder online) am Thema und entwickeln eigene Ideen für mögliche Geschäftsmodelle, z. B. Rücknahme und Recycling von Produkten, Wiederaufarbeitung gebrauchter Produkte oder Nutzung von Produkt-Dienstleistungssystemen. Der Methode liegt ein speziell für die Thematik angepasster Design-Thinking-Ansatz zu Grunde. Am Ende stehen Konzepte für Geschäftsmodell-Ideen, die das Unternehmen in marktfähige Angebote umsetzen kann (vgl. Berndt et al. 2022).

Ambidextrie und nachhaltigkeitsorientierte Innovationen

Auch in Bezug auf nachhaltigkeitsorientierte Innovationen müssen Unternehmen sowohl exploitativ als auch explorativ agieren:

- Exploitation bedeutet in diesem Kontext, die bestehenden Produkte und Lösungen in Bezug auf ihre Nachhaltigkeitswirkung kontinuierlich zu verbessern. Eine gründliche IST-Analyse auf Basis ökobilanzieller Betrachtungen kann unterstützen, um Verbesserungspotenziale zu erarbeiten und den CO_2-Fußabdruck der Produkte zu verringern.

- Exploration bedeutet hingegen, komplett neue Wege zu gehen: etablierte Vorgehensweisen und Paradigmen sind zu hinterfragen, um Produkte und Lösungen so zu gestalten, dass ein maximaler Beitrag zur Umsetzung der Nachhaltigkeitsziele der Vereinten Nationen geleistet werden kann. So kann z. B. betrachtet werden, wie der Hauptnutzen eines bestehenden Produkts auch ganz ohne oder mit stark verringertem CO_2-Fußabdruck erzielt werden kann. Oder es könnten komplett neue Produkte oder Lösungen geschaffen werden, die erheblich weniger Umweltwirkungen haben.

7.2.3 Nachhaltigkeit in der Bewertungs- und Auswahlphase

Wenn viele gute Ideen entwickelt, generiert und gesammelt wurden, sind diese zu bewerten. Dies erfolgt in der Bewertungs- und Auswahlphase: In Kap. 4 wurden dazu klassische und agile Bewertungsmethoden vorgestellt. Um eine Nachhaltigkeitsperspektive zu integrieren, sollten Bewertungsmaßstäbe um ökologische und soziale Aspekte erweitert werden. So sind z. B. Kriterien zur Umweltverträglichkeit zu definieren und diese in einer ersten qualitativen Bewertung zu nutzen. Später können dann detailliertere Betrachtungen und quantitative Bewertungen vorgenommen werden.

Kernaspekt der ökologischen Bewertung einer Idee ist die *Betrachtung des ökologischen Produktlebenswegs* (siehe Abb. 7.2). Dessen Quantifizierung ist jedoch oft noch nicht im Detail möglich. Daher sollte in der Bewertungsphase ein erstes Prozessbild erfasst und der Lebenszyklus der Idee skizziert werden (siehe Übung). Konkretisiert sich die Idee im Laufe des Innovationsprozesses, so kann auch die Lebenszyklusbetrachtung detaillierter ausgearbeitet werden. Dann sollte z. B. ermittelt werden, wieviel Energie, welche Materialien in welcher Menge eingesetzt werden und welche Emissionen und andere Umwelteffekte entstehen können. Ökobilanzdatenbanken können für eine erste Einschätzung zu den verwendeten Materialien und Prozessen hilfreich sein (z. B. ProBas 2017; ecoinvent v3.5 o.J.). Für bestehende Produkte empfiehlt sich die Durchführung einer vollständigen Ökobilanz (ISO 14040 2006; Klöpffer und Grahl 2011) mit der eine umfangreiche Datenbasis für die Optimierung und die Entwicklung verbesserter Produkte geschaffen wird.

Neben der Betrachtung von Treibhausgasen ist die *Toxizität* ein sehr wichtiger Punkt bei der Betrachtung von Umweltwirkungen. Darunter versteht man das Ausmaß, in dem ein chemischer Stoff oder ein bestimmtes Stoffgemisch einen Organismus schädigen kann (in Anlehnung an Hill 2020). Toxische Schadstoffe werden im Vergleich zu Treibhausgasen häufig in relativ geringen Mengen emittiert, jedoch können die von ihnen verursachten Schäden sehr hoch sein. Typische Schadstoffe sind Schwermetalle (wie Arsen, Cadmium, Chrom, Nickel und Blei) und andere Stoffe wie z. B. Pestizide oder Lösungsmittel. Bei der Bewertung von Innovationsideen sollte ermittelt werden, welche der bei der Realisierung des geplanten Produkts verwendeten Stoffe giftig sind oder als Gefahrstoffe gelten. Diese sollten soweit möglich durch andere Substanzen ersetzt werden.

Online-Tool Green Check Your Idea (GCYI)
Das Tool Green Check Your Idea kann zur Bewertung und Optimierung von Innovationsideen unter Umweltgesichtspunkten verwendet werden. Das Tool unterstützt bei folgenden Fragen:

- Was ist nötig, damit aus einer Innovationsidee ein „grünes Produkt" oder eine „grüne
  Lösung" werden kann?
- Wie können die Umweltauswirkungen einer Idee bewertet und verringert werden?

Mit dem Tool kann eine erste Bewertung möglicher Umweltwirkungen durchgeführt und
es können konkrete Verbesserungsvorschläge abgeleitet werden. Im Mittelpunkt stehen
Lebenszyklusdenken und Ökodesign-Prinzipien. Das Tool bietet kleine Schulungseinhei-
ten, mit denen Know-how aufgebaut werden kann, um es in der Praxis anzuwenden.

Das Online-Tool ist kostenfrei verfügbar unter: https://www.green-check-your-idea.com/

Neben Umweltaspekten sind auch *soziale Aspekte* zu betrachten (siehe dazu auch die
oben dargestellten Sustainable Development Goals). Eine erste Betrachtung von Auswirkungen einer Innovationsidee auf soziale Aspekte kann über das „Handbook for Product
Social Impact Assessment – PSIA" erfolgen (Goedkoop et al. 2018). Mit der dort dargestellten Methodik kann der Status z. B. von Arbeitsbedingungen an relevanten Orten, an
denen die Prozesse im gesamten Lebenszyklus eines Produktes stattfinden, kategorisiert
und bewertet werden. Es werden vier Stakeholder-Gruppen betrachtet: Arbeitnehmer*innen, lokale Gemeinschaften, Kleinunternehmer*innen und Nutzer*innen. Mögliche Auswirkungen der Innovationsidee auf diese Gruppen können dann beschrieben werden. Die
für die jeweilige Gruppe spezifischen „Social Topics" (z. B. Entlohnung, Kinderarbeit,
Zwangsarbeit oder Diskriminierung) werden anhand von vordefinierten Zuständen einge-
stuft und somit ein Status („Reference Scales") zwischen -2 und $+2$ ermittelt. Negative
Werte sind dann ein Indikator dafür, dass hier der größte Handlungsbedarf besteht. Somit
kann über den gesamten Lebenszyklus eines Produkts systematisch eine Ist-Analyse erfolgen, auf deren Basis dann Strategien zur optimalen Verbesserung abgeleitet werden können oder die Auswirkungen von Maßnahmen bewertet werden können. Dies kann mit der
folgenden Übung adressiert werden.

Übung 7.3: Lebenszyklusanalyse

Hier ist erläutert wie Sie eine vereinfachte „Lebenszyklusanalyse" (basierend auf der
Methode der Ökobilanz (ISO 14040:2006)) in den frühen Phasen des Innovationsprozesses durchführen können, um eine erste Einschätzung des Produktlebenswegs vorzunehmen und so Umweltaspekte zu berücksichtigen. Die Erkenntnisse sollten bei der
Bewertung und Auswahl von Ideen integriert werden.

- Identifizieren Sie die Prozesse und Schritte, die in den Lebenszyklusphasen Ihrer
  Idee stattfinden und skizzieren Sie den Lebenszyklus.
- Betrachten Sie dann welche Inputs in diesen Prozessen und Schritten benötigt wer-
  den und welche Outputs anfallen.

- Werten Sie Ihre Ergebnisse aus, z. B. mithilfe der folgenden Leitfragen:
  - Wo liegen die größten Probleme (sog. „Hotspots")?
  - Welches Material hat ein relativ hohes Treibhauspotenzial (GWP) pro Kilogramm?
  - Welche Menge wird von diesem Material benötigt?
  - Können giftige Substanzen vermieden werden (Toxizität)?
  - Gibt es alternative Materialien, die stattdessen verwendet werden könnten? Welche Menge dieses Materials wäre nötig, um die gleiche Funktion zu erreichen?
  - Welche Möglichkeiten bestehen, Umweltauswirkungen zu reduzieren oder zu verhindern?
  - Achten Sie auf mögliche Verschiebungen zwischen Lebenszyklusphasen oder Umweltkompartimenten, sog. „Problemverlagerungen".

Unter http://www.hs-pforzheim.de/IMBuch finden Sie eine Vorlage sowie Checklisten und Hilfsmaterial für die Anwendung der Übung. ◄

7.2.4 Nachhaltigkeit in der Umsetzungsphase

Nach der Auswahl einer potenziell interessanten Innovationsidee folgt deren Umsetzung, insbesondere über Produktentwicklung, Aufbau von Produktion, Logistik und Vertriebswegen sowie Innovationskommunikation und Markteinführung. Dabei stellt sich die Frage, welche Leitplanken aus Nachhaltigkeitsperspektive zu beachten sind. Meist sind auch weitere Funktionen im Unternehmen wie Produktion, Einkauf, Vertrieb, Qualitätsmanagement oder Logistik involviert. Sie sollten eingebunden werden, um das Thema Nachhaltigkeit ganzheitlich anzugehen.

Um in der Umsetzungsphase Umweltaspekte zu berücksichtigen, kann der Ansatz des *Ökodesigns* (auch „Design for Environment" genannt) genutzt werden (siehe folgende Übung). Leitprinzipien des Ökodesigns bieten Unterstützung, um früh ökologische Aspekte des gesamten Lebenszyklus bei der Entwicklung zu berücksichtigen (vgl. Baumann et al. 2002; Byggeth und Hochschorner 2006; Tischner et al. 2000).

Beispiele hierfür sind (vgl. Tischner et al. 2000; Brezet und van Hemel 1997):

- Der Einsatz von recycelten oder wiederverwendeten Materialien,
- die Nutzung material- und energieeffizienter Produktionsprozesse,
- die Reduzierung von Gewicht und Größe des Produkts, um einen effizienten Transport zu ermöglichen,
- die Erhöhung der technischen und ästhetischen Lebensdauer des Produkts,
- die Vermeidung untrennbarer Verbindungen verschiedener Materialien im Produkt, um die Recyclingfähigkeit zu erhöhen.

Mit der nachfolgenden Übung können Ökodesign-Prinzipien kennengelernt und deren Anwendung im Unternehmen erprobt werden.

Übung 7.4: Ökodesign-Prinzipien

Nutzen Sie diese Übung, um Verbesserungspotenziale und Lösungsideen für Problemstellen Ihrer Idee hinsichtlich deren Umweltaspekte zu identifizieren.

- Lesen Sie die Kärtchen mit den Ökodesign-Prinzipien durch und bestimmen Sie drei relevante Prinzipien für Ihre Idee.
- Diskutieren Sie für die von Ihnen gewählten drei Prinzipien die folgenden Fragen: Warum ist dieses Prinzip relevant?
  - Wie kann das Prinzip umgesetzt werden?
  - Welche Herausforderungen können auftreten?
  - Nutzen Sie die identifizierten Prinzipien, um Ihre Idee zu optimieren.

Unter http://www.hs-pforzheim.de/IMBuch finden Sie die Ökodesign-Kärtchen sowie eine Vorlage für die Anwendung der Übung. ◀

In der Umsetzungsphase spielt die Markteinführung eine zentrale Rolle: Nachhaltigkeitsaspekte von Produkten und Lösungen sind einfach und verständlich zu erklären, um Nutzer*innen von der Innovation zu überzeugen und mögliche Bedenken auszuräumen. So sollte auch ein zielgerichtetes *Marketing* mit geeigneten Kommunikationsmedien betrieben werden.

Praxisbeispiel: Integration von Nachhaltigkeitsaspekten ins Innovationsmanagement der Firma RasenfitKOCH

Bei RasenfitKOCH wurde schon vor einigen Jahren ein Nachhaltigkeitsmanagement nach ISO 14000 eingeführt. Kürzlich hat die Geschäftsführerin Frau Koch nun mit den Bereichsleiter*innen diskutiert, wie Umweltaspekte und soziale Aspekte in den Innovationsprozess des Unternehmens integriert werden können. Ziel soll dabei sein, in Zukunft umweltfreundliche Produkte zu entwickeln und zu produzieren und bei der Produktion der Produkte und deren Komponenten, auch bei den Lieferanten, angemessene Sozialstandards einzuhalten. Insofern soll das Unternehmen Beiträge zu den UN-Nachhaltigkeitszielen 12 (Nachhaltiger Konsum und Produktion) und 8 (Menschenwürdige Arbeit und Wirtschaftswachstum) leisten. Frau Koch strebt an, den CO_2-Fußabdruck des Unternehmens und dessen Produkte drastisch zu reduzieren und wo es möglich ist, Kreisläufe zu schließen. Begründet ist dies durch ihre persönliche Motivation als Haupt-Eigentümerin von RasenfitKOCH, aber auch durch absehbare weitere Regularien im Bereich Circular Economy in der Europäischen Union.

Im ersten Schritt werden folgende Punkte angegangen:

- Nutzung umweltfreundlicher Materialien: Bei der Entwicklung neuer Produkte wird in Zukunft überprüft, welchen CO_2-Fußabdruck die geplanten Materialien haben und dass keine toxischen Stoffe verwendet werden. Weiterhin werden mögliche Alternativen geprüft, um geringere Umweltwirkungen zu ermöglichen.
- Im Produktentwicklungsprozess und bei der Innovationsentwicklung mit agilen Innovationsteams (siehe Kap. 5) werden immer die Ecodesign-Prinzipien überprüft und, wenn sinnvoll, angewendet.
- Ein geringer Energieverbrauch der Produkte wird als Anforderung in alle Produktentwicklungsprojekte aufgenommen. Zielsetzung ist hier, in der Branche führend zu werden in Bezug auf energieeffiziente Produkte.
- Bestehende und neue Lieferanten von Materialien und Komponenten müssen nun nachweisen, dass sie bei den Arbeitsbedingungen und bei der Arbeitssicherheit Mindeststandards einhalten und faire Löhne zahlen. Dies wird systematisch durch unangekündigte Besuche bei ausgewählten Lieferanten und Gesprächen mit Mitarbeitenden vor Ort überprüft.
- Der Innovationsprozess wird mit Kriterien zur ersten Bewertung von Umweltthemen ergänzt.

Weiterhin sollen in den nächsten zwölf Monaten für die drei Produkte, die am meisten Umsatz bringen, über einen externen Dienstleister der CO_2-Fußabdruck analysiert und Stellgrößen zu dessen Verringerung hergeleitet werden.

In den nächsten zwei Jahren soll der gesamte Innovationsprozess um Nachhaltigkeitskriterien ergänzt werden. Auch sollen Ziele in Bezug auf nachhaltigkeitsorientierte Innovationen entwickelt und mit Aktionsplänen hinterlegt werden.

7.3 Zusammenfassung und Fazit

Die zunehmende Bedeutung einer nachhaltigen Entwicklung führt zu einer steigenden Nachfrage nach Produkten und Lösungen, bei denen ökologische und soziale Aspekte integrativ berücksichtigt werden. Um nachhaltigkeitsorientierte Innovationen zu entwickeln und umzusetzen, sind konventionelle Konzepte und Methoden entlang des Innovationsprozesses entsprechend anzupassen:

Zunächst sollte in der strategischen Orientierung und Problemidentifizierung eine langfristige Ausrichtung auf nachhaltigkeitsorientierte Innovationen etabliert werden. Hier ist eine konkrete Vorstellung darüber zu entwickeln, was nachhaltige Entwicklung für das Unternehmen und dessen zukünftige Produkte und Lösungen bedeutet. Es sollten Innovationsziele mit Nachhaltigkeitsbezug festgelegt werden, z. B. in Bezug auf CO_2-Emissionen, Einsatz von Rezyklaten, Lieferkettenbetrachtung oder Recycling.

In der Ideenphase können attraktive, nachhaltigkeitsorientierte Innovationsideen entwickelt werden. Diese sind in der Bewertungs- und Auswahlphase genauer zu betrachten. Neben den klassischen Markt- und Technikaspekten sind Umwelt- und Sozialaspekte zu berücksichtigen. Damit können Innovationen entsprechend ausgerichtet und optimiert werden, solange dies noch mit relativ geringem Aufwand möglich ist.

In der Umsetzungsphase können über Ökodesign-Prinzipien Umweltaspekte berücksichtigt werden, um die Produktentwicklung nachhaltigkeitsorientiert auszurichten und eine material- und energieeffiziente Produktion zu ermöglichen. Schließlich sind die Vorteile einer nachhaltigkeitsorientierten Innovation klar gegenüber den Nutzer*innen zu erläutern.

Über die Integration von Innovationsaktivitäten und Nachhaltigkeitsaspekten eröffnen sich somit Chancen für Unternehmen: Es können attraktive, nachhaltigkeitsorientierte Innovationen entwickelt, und damit im Zusammenspiel sozialer, ökologischer und ökonomischer Faktoren Vorteile im Markt genutzt werden.

Wiederholungs- und Verständnisfragen

- Was bedeutet nachhaltige Entwicklung?
- Wie viele Ziele für nachhaltige Entwicklung haben die Vereinten Nationen formuliert?
- Was können externe Treiber für Nachhaltigkeit sein?
- Welche internen Treiber für Nachhaltigkeit kann es in Unternehmen geben?
- Welche Dimensionen der Nachhaltigkeit werden in der Unternehmenspraxis typischerweise unterschieden?
- Was ist mit „nachhaltigkeitsorientierten Innovationen" gemeint?
- Was bedeutet Exploitation und was bedeutet Exploration bei nachhaltigkeitsorientierten Innovationen?
- Worum geht es bei der „Circular Economy"?
- Was betrachten Ökobilanzen?
- Wo können Unternehmen Impulse für nachhaltigkeitsorientierte Innovationen erhalten?
- Welche sozialen Aspekte sollten in der Phase der Ideenauswahl und -bewertung Berücksichtigung finden?
- Was ist eine Lebenszyklusanalyse?
- In welcher Innovationsphase lassen sich Ökodesign-Prinzipien nutzen?
- Was ist bei nachhaltigkeitsorientierten Innovationen hinsichtlich des Innovationsmarketing zu beachten?

7.4 Reflexion für die Praxis und Anwendung des Gelernten

Mit den folgenden Fragen zum Abschluss des Kap. 7 können Sie die (bisherige) Praxis in Ihrem Unternehmen reflektieren und einen Blick auf die mögliche Anwendung des Gelernten für Ihr (zukünftiges) Innovationsmanagement werfen.

1. Was sind die größten Treiber für Nachhaltigkeit für Ihr Unternehmen bzw. seine Produkte/Lösungen?
2. Welche der UN-Nachhaltigkeitsziele haben Ihrer Ansicht nach die größte Relevanz für Ihr Unternehmen bzw. seine Produkte?
3. Inwiefern werden bei Ihnen im Unternehmen Nachhaltigkeitsaspekte im Innovationsmanagement bereits berücksichtigt – bzw. wie könnten diese berücksichtigt werden?
4. Wie könnten konkrete Methoden für nachhaltigkeitsorientierte Innovationen (SDG-Analyse, Kreativitätstechniken, Lebenszyklus-Analyse, Ökodesign-Prinzipien) in Ihrem Unternehmen eingesetzt werden?
5. Was würden Sie sagen im Hinblick auf die Inhalte des Kap. 7:
   a. Welcher Handlungsbedarf besteht in Ihrem Unternehmen?
   b. Wer sollte hier federführend aktiv werden?
   c. Wer sollte noch miteinbezogen werden?

Zu Beginn dieses Buches (siehe Abschn. 1.5) haben Sie einen Projektsteckbrief für Ihr Innovationsprojekt erstellt und pro Kapitel aktualisiert. Nun geht es darum, dass Sie das Gelernte aus Kap. 7 auf Ihr Innovationsprojekt übertragen. Prüfen Sie, ob Sie Ihren Projektsteckbrief ergänzen oder detaillieren sollten. Betrachten Sie integrativ alle Rubriken.

Nutzen Sie erneut das Quiz, das Sie zum Start des Kap. 7 ausgefüllt haben. Welche Fragen würden Sie nun anders beantworten? Überprüfen Sie Ihr Quiz abschließend anhand der Quiz-Lösungen.

Literatur

Baumann H, Boons F, Bragd A (2002) Mapping the green product development field: engineering, policy and business perspectives. J Clean Prod 10(5):409–425
Berndt T, Lang-Koetz C, Rummel S (2022) Circular Economy – Chance für Innovation – Eine Methode zur kreativen Entwicklung von Circular-Economy-Geschäftsmodellen. I40M 2022(1):33–36. https://doi.org/10.30844/I40M_22-1_33-36
de Bono E (1992) Six thinking hats. Revised and updated edition. Penguin Life, an imprint of Penguin Books, London
Brezet H, van Hemel C (1997) Ecodesign. A promising approach to sustainable production and consumption. U.N.E.P, Paris
Byggeth S, Hochschorner E (2006) Handling trade-offs in Ecodesign tools for sustainable product development and procurement. J Clean Prod 14(15–16):1420–1430
Deloitte (Hrsg) (2021) Nachhaltigkeit trifft Technologie. Sustainability Survey. Ergebnisse für den deutschen Markt. https://www2.deloitte.com/content/dam/Deloitte/de/Documents/risk/deloitte_climate-check-2021-studie.pdf. Zugegriffen am 30.06.2022
ecoinvent (v3.5) (o.J.) Activity overview for ecoinvent v3.5, cut-off. An excel file which lists all the activities present in the database including metadata related specifically to the Allocation, cut-off by classification system model. https://www.ecoinvent.org/files/activity_overview_3.5_allocation__cut-off_public.xlsx. Zugegriffen am 05.07.2018

European Commission (2015) Closing the loop – an EU action plan for the Circular Economy. Communication from the commission to the European Parliament, the Council, the European Economic and Social Committee and the Committee of the Regions. COM(2015) 614 final. Brussels. https://eur-lex.europa.eu/legal-content/EN/TXT/PDF/?uri=CELEX:52015D-C0614&from=EN. Zugegriffen am 30.05.2019

European Union (2008) DIRECTIVE 2008/98/EC OF THE EUROPEAN PARLIAMENT AND OF THE COUNCIL of 19 November 2008 on waste and repealing certain Directives, Brüssel

Fichter K, Olteanu Y (2022) Green Startup Monitor 2022. Hrsg. v. Borderstep Institut, Startup Verband, Berlin

Fischer S, Eireiner C, Weber S (2019) Nachhaltiges HR-Management. Konzepte – Rollen – Handlungsempfehlungen. Schäffer-Poeschel Verlag für Wirtschaft Steuern Recht GmbH, Stuttgart

Gasde J, Preiss P, Lang-Koetz C (2020) Integrated innovation and sustainability analysis for new technologies: an approach for collaborative R&D projects. TIM Rev 10(2):37–50. https://doi.org/10.22215/timreview/1328

Goedkoop M, Indrane D, Beer I de (2018) Handbook for product social impact assessment 2018

Hansen EG, Grosse-Dunker F, Reichwald R (2009) Sustainability innovation cube – a framework to evaluate sustainability of product innovations. Int J Innov Manag 13(4):683–713

Herrmann C (2010) Ganzheitliches life cycle management. Nachhaltigkeit und Lebenszyklusorientierung in Unternehmen. Springer (VDI-Buch), Berlin/Heidelberg

Hill MK (2020) Understanding environmental pollution, 4. Aufl. Cambridge University Press, Cambridge

ISO 14040 (2006) Environmental management – life cycle assessment – principles and framework

Kirchherr J, Reike D, Hekkert M (2017) Conceptualizing the circular economy: an analysis of 114 definitions. Resour Conserv Recycl 127:221–232. https://doi.org/10.1016/j.resconrec.2017.09.005

Klewitz J, Hansen EG (2014) Sustainability-oriented innovation of SMEs: a systematic review. J Clean Prod 65:57–75

Klöpffer W, Grahl B (2011) Ökobilanz (LCA). Ein Leitfaden für Ausbildung und Beruf. Wiley-VCH Verlag. 1. Nachdruck, Weinheim

Kreislaufwirtschaftsgesetz (2012) Gesetz zur Förderung der Kreislaufwirtschaft und Sicherung der umweltverträglichen Bewirtschaftung von Abfällen. KrWG,

Kunzlmann J, Edinger-Schons LM, Kraemer A (2021) Sustainability Management Monitor. Hrsg v. Bertelsmann Stiftung. Gütersloh. https://www.bertelsmann-stiftung.de/de/publikationen/publikation/did/sustainability-monitor-all. Zugegriffen am 30.06.2022

Lang-Koetz C, Schimpf S (2019) Nachhaltigkeit im Innovationsmanagement: Eine Studie zur Untersuchung der Integration von Nachhaltigkeitsaspekten im Innovationsmanagement deutscher Industrieunternehmen. Stuttgart. http://publica.fraunhofer.de/documents/N-562098.html. Zugegriffen am 01.08.2022

Paech N (2007) Directional certainty in sustainability-oriented innovation management. In: Lehmann-Waffenschmidt M (Hrsg) Innovations towards sustainability. Conditions and consequences. Physica-Verlag, Heidelberg, S 121–140

Pleschak F, Sabisch H (1996) Innovationsmanagement. Schäffer-Poeschel, Stuttgart

ProBas (2017) ProBas – Prozessorientierte Basisdaten für Umweltmanagementsysteme. Website des UBA (www.umweltbundesamt.de). http://www.probas.umweltbundesamt.de/php/index.php. Zuletzt aktualisiert am 2017; Zugegriffen am 01.08.2022

Pufé I (2017) Nachhaltigkeit, 3., überarb. und erw. Aufl. utb GmbH (utb-studi-e-book, 8705), Stuttgart

Sassen R, Azizi L, Bien C, Braun V (2021) Stand nachhaltigen Wirtschaftens in Deutschland. Hrsg. v. Rat für Nachhaltige Entwicklung. https://www.nachhaltigkeitsrat.de/wp-content/uploads/2021/05/2105012_Studie_Stand_nachhaltiges_Wirtschaften_Deutschland.pdf. Zugegriffen am 30.06.2021

Schaltegger S (2013) Sustainability management. In: Idowu SO, Capaldi N, Zu L, Das Gupta A (Hrsg) Encyclopedia of corporate social responsibility. Springer, Berlin/Heidelberg, S 2384–2388

Thom N (1980) Grundlagen des betrieblichen Innovationsmanagements, 2. Aufl. Hanstein, Königstein/Ts

Tischner U, Schmincke E, Rubik F, Prösler M, Masselter S, Hirschl B (2000) How to do EcoDesign? A guide for environmentally and economically sound design. Verlag form, Frankfurt am Main

United Nations (1987) Our common future – report of the World Commission on Environment and Development (WCED), New York

United Nations (Hrsg) (2015) Transforming our world: the 2030 agenda for sustainable development. A/RES/70/1. https://sdgs.un.org/sites/default/files/publications/21252030%20Agenda%20 for%20Sustainable%20Development%20web.pdf. Zugegriffen am 25.03.2022

Vahs D, Brem A (2015) Innovationsmanagement. Von der Idee zur erfolgreichen Vermarktung, 5., überarb. Aufl. Schäffer-Poeschel, Stuttgart

WBCSD, WRI (Hrsg) (2004) The greenhouse gas protocol. A corporate accounting and reporting standard. revised edition. World Business Council for Sustainable Development; World Resources Institute. Conches-Geneva, Schweiz, Washington, USA. https://ghgprotocol.org/sites/default/files/standards/ghg-protocol-revised.pdf. Zugegriffen am 30.06.2022

Züst R (1998) Produkte im Fokus des Umweltmanagements. In: Winter G (Hrsg) Das umweltbewusste Unternehmen. Die Zukunft beginnt heute. Unter Mitarbeit von Georg Winter, 6. Aufl. Vahlen, München, S 162–178

Fazit und Ausblick zum ambidextren Innovationsmanagement

8

Die vorgestellten Konzepte und Methoden für ein ambidextres Innovationsmanagement in KMU eignen sich für exploitative und explorative Vorgehensweisen. Selbstorganisiertes Innovationsmanagement bedeutet nun, auf Basis vorhandener Parameter und Rahmenbedingungen selbstständig zu entscheiden, wann welche klassischen und/oder agilen Methoden in der Praxis am besten geeignet sind. Dazu wurden in Kap. 6 relevante Entscheidungskriterien aufgezeigt.

Innovationsaktivitäten können von Unternehmen zu Unternehmen sehr unterschiedlich sein, denn jedes Unternehmen hat ein spezifisches Betätigungsfeld, verwendet spezielle Technologien und ist in einem besonderen Markt aktiv. Die in diesem Buch vorgestellten Konzepte und Methoden sind allgemein einsetzbar, müssen aber für den jeweiligen Praxiseinsatz erprobt und ggf. angepasst werden.

Aufbau eines kontinuierlichen Innovationsmanagements

Wie können Innovationsaktivitäten nicht nur für ein Projekt, sondern dauerhaft im Unternehmen organisiert werden? Der im Buch vorgestellte Innovationsprozess eignet sich gut als Grundlage für ein kontinuierliches Innovationsmanagement. Die Durchführung der Strategie-Phase empfiehlt sich ein- bis zweimal pro Jahr, um aktuelle Entwicklungen im Unternehmen und dessen Umfeld zu diskutieren und strategische Zielsetzungen für die Innovationsaktivitäten zu überarbeiten oder neu festzulegen.

Die Ideenphase, Ideenbewertung und -auswahl sowie Ideenumsetzung können und sollten öfter durchschritten werden. Wenn Mitarbeitende aufgefordert werden, ihre Ideen einzubringen, sollte klar definiert sein, an wen sie sich wenden können. Die Ideen werden dann weiterverfolgt und bewertet wie dargestellt. Zur Bearbeitung von Ideen können auch geeignete Softwaretools genutzt werden. Jedoch sollte vor der Abgabe einer Bewertung immer eine Diskussion in einem Team von geeigneten Personen (siehe Kap. 4) erfolgen,

© Der/die Autor(en) 2023
C. Lang-Koetz et al., *Ambidextres Innovationsmanagement in KMU*,
https://doi.org/10.1007/978-3-662-66458-2_8

um verschiedene Perspektiven einzubringen. Zur Auswahl der umzusetzenden Ideen sollten Führungskräfte und Geschäftsleitung einbezogen werden. Die Umsetzung kann dann je nach Thema mit klassischen und/oder agilen Methoden erfolgen (siehe Kap. 5 und 6).

Generell macht es Sinn, den Innovationsprozess im Unternehmen detailliert zu beschreiben, Abläufe klar darzustellen sowie Zuständigkeiten und Verantwortlichkeiten zu definieren.[1] Zentral ist dabei, Führungskräfte und Mitarbeitende im Unternehmen eng einzubinden, damit sie aktiv an den Innovationsaktivitäten mitwirken.

Geschäftsmodelle als Alternative zu physischen Produkten
Viele Unternehmen untersuchen mittlerweile, welche Chancen sich durch neuartige Geschäftsmodelle ergeben. Sie betrachten dabei Möglichkeiten, die über klassische physische Produkte hinausgehen, z. B. Plattform-Modelle, Bezugsmöglichkeiten wie Flatrate oder Leasing, Cross-Selling oder die Nutzung von Kundendaten (vgl. Gassmann et al. 2021). Einfache Herangehensweisen wie der St. Gallen Business Model Navigator™ (vgl. Gassmann et al. 2021) oder der Leitfaden Business Model Generation (vgl. Osterwalder und Pigneur 2013) stellen praxisnah beschriebene Geschäftsmodellmuster mit Beispielen zur Verfügung und unterstützen Innovationsexpert*innen dabei, diese in einfacher Weise auf den betrachteten individuellen Unternehmenskontext anzuwenden.

Nachhaltige Entwicklung
Eine nachhaltige Entwicklung wird weiterhin eine der größten Herausforderungen unserer Zeit bleiben. Dies spiegelt sich auch in gesellschaftlich-politischen Zielen wider: Die Europäische Union (EU) beabsichtigt, 2050 der erste klimaneutrale Kontinent zu sein (vgl. Europäische Kommission 2021). Um eine nachhaltige Wirtschaft zu verfolgen, wurden über die sogenannte EU-Taxonomie Umweltziele definiert, unter anderem Klimaschutz, Circular Economy und Biodiversität (vgl. Europäische Union 2020).[2] Diese Umweltziele haben eine steuernde Wirkung auf zukünftige Entscheidungen der EU, insbesondere in Bezug auf Investitionen und die weitere Ausgestaltung von Regularien, und somit folgen direkte Auswirkungen auf die Wirtschaft.

Jedoch ist Nachhaltigkeit in den meisten Firmen noch nicht in allen Unternehmensbereichen verankert und es fehlt eine proaktive Auseinandersetzung mit dem Thema (vgl. Kunzlmann et al. 2021). Aus unserer Sicht sollte eine ernsthafte Auseinandersetzung mit nachhaltiger Entwicklung im Mittelpunkt des Unternehmensinteresses stehen, um gesellschaftliche Verantwortung wahrzunehmen und die Wettbewerbsfähigkeit zu sichern.

---

[1] Dies kann dann auch als Grundlage für ein Innovationscontrolling dienen.

[2] Die EU hat dabei insgesamt folgende Umweltziele festgelegt: „a) Klimaschutz; b) Anpassung an den Klimawandel; c) die nachhaltige Nutzung und Schutz von Wasser- und Meeresressourcen; d) der Übergang zu einer Kreislaufwirtschaft; e) Vermeidung und Verminderung der Umweltverschmutzung; f) der Schutz und Wiederherstellung der Biodiversität und der Ökosysteme." (Europäische Union 2020, Artikel 9)

Aus Innovationsperspektive sind insbesondere folgende Punkte relevant (vgl. Lang-Koetz und Schimpf 2022):

- Entwicklungen und Trends im Themenfeld Nachhaltigkeit sind kontinuierlich zu beobachten, für die Branche und Technologien des Unternehmens zu konkretisieren und in die Entwicklung der Innovationsstrategie einzubringen.
- Bei der Entwicklung nachhaltigkeitsorientierter Innovationen sollten auch komplett neue Wege eingeschlagen und nicht nur bestehende Produkte und Lösungen optimiert werden. Die Herausforderung hier ist, auch radikale nachhaltige Innovationen zu entwickeln und umzusetzen (vgl. Kennedy et al. 2017).
- Für eine faktenbasierte Orientierung und Zielbestimmung wird eine verlässliche Informations- und Datenbasis in Bezug auf mögliche ökologische und soziale Auswirkungen der eigenen Produkte und Lösungen benötigt.

Insofern spielt die Ermittlung und Quantifizierung von Energie- und Stoffströmen über den gesamten Produktlebenszyklus von Produkten eine zentrale Rolle, um Emissionen und andere Umweltwirkungen zu ermitteln. Das Greenhouse Gas Protocol bildet den methodischen Rahmen, damit Unternehmen ihren kompletten CO_2-Fußabdruck ermitteln können. Dazu sind auch Daten von Lieferanten und Kunden zu erheben (vgl. WBCSD und WRI 2004). Gerade die Erfassung der Daten in der Lieferkette kann sich als schwierig gestalten (vgl. Schmidt et al. 2021). Geeignete Methoden unterstützen über Berechnungen auf Basis von Einkaufsdaten.[3]

Wichtig ist in diesem Kontext, Nachhaltigkeitsaspekte transparent zu machen, glaubwürdig nach außen darzustellen und auf irreführende Behauptungen (Greenwashing) zu verzichten. Dies ist einerseits eine moralische Verpflichtung, andererseits ist in Zukunft mit gesetzlichen Vorgaben zu rechnen. So will beispielsweise die Europäische Kommission Regularien auf den Weg bringen, damit „Unternehmen ihre Umweltaussagen anhand von Methoden zur Messung des Umweltfußabdrucks von Produkten und Organisationen belegen müssen" (Europäische Kommission 2020, S. 6).

Digitalisierung wird als Chance dafür gesehen, Ressourceneffizienz in Unternehmen und über den Produktlebenszyklus zu verbessern, zum Beispiel über die Nutzung sogenannter digitaler Zwillinge oder die Nachverfolgung der Lieferketten über Blockchain-Technologien (vgl. Kühne 2019). Viele Anwendungen befinden sich hier noch am Anfang der Entwicklung, das Thema wird aber weiter an Relevanz gewinnen, auch über geplante EU-Regularien zum sogenannten Digitalen Produktpass (vgl. Walden et al. 2021). Auf der anderen Seite entstehen durch den vermehrten Einsatz von IT auch ein Mehraufwand und zusätzliche Umweltwirkungen (vgl. Kassenböhner et al. 2019). Insofern sollte hier im Einzelfall bewertet werden, was für die Anwendung im Unternehmen und das Streben nach einer nachhaltigen Lösung sinnvoll ist.

---

[3] Zum Beispiel können ökonomische Input-Output-Analysen genutzt werden (vgl. Schmidt et al. 2022), umgesetzt im Tool Scope3Analyzer, siehe https://scope3analyzer.pulse.cloud/.

Einen Beitrag zur nachhaltigen Entwicklung zu leisten, bedeutet aber auch soziale Aspekte zu berücksichtigen. Einen positiven Beitrag leisten Unternehmen hier insbesondere dann, wenn sie sich um gute Arbeitsbedingungen kümmern, lokale Communities fördern und Arbeitsplätze schaffen (vgl. z. B. Goedkoop et al. 2018). Umwelt- und soziale Aspekte sind dabei zusammen zu betrachten, denn oft kann es auch Zielkonflikte geben. Mindestens ist dabei eine Ausrichtung der Arbeit an den Arbeits- und Sozialstandards der ILO (International Labour Organization) erforderlich. Dabei werden unter anderem Kennzahlen wie die Aus- und Weiterbildung, die Personalentwicklung, Personalfluktuation, Diversität in der Belegschaft sowie weitere allgemeine Arbeitsbedingungen betrachtet.

Insofern sollten Unternehmen mit ihren Stakeholdern zusammenarbeiten, um proaktiv einen Beitrag zur Gestaltung einer nachhaltigen Zukunft zu leisten. Die Vernetzung und Kooperation mit anderen Akteuren können zusätzlich bei der Generierung von Ideen und der Entwicklung nachhaltigkeitsorientierter Innovationen unterstützen.

Neben der methodischen Vorgehensweise für selbstorganisiertes Innovationsmanagement sind auch die Rahmenbedingungen im Unternehmen wichtig: Führung und Kultur spielen hier eine bedeutende Rolle. Korrespondierend zur Entwicklung hybrider Methoden im Innovationsmanagement, findet sich sowohl in der Literatur zu Führung als auch bei den Ansätzen zur Unternehmenskultur eine stete Entwicklung an neueren Ansätzen.

Die Rolle von Führung
Ausgangspunkt im Bereich der Führung ist die Unterscheidung zwischen transaktionaler und transformationaler Führung (vgl. Bass 1985, 1990). Transaktionale Führungskräfte geben den Mitarbeitenden etwas (z. B. Lohn) und erwarten im Gegenzug etwas zurück (z. B. Leistung). Der Austausch steht im Fokus. Diese Führungskräfte kontrollieren die Ziele der Mitarbeitenden und deren Zielerreichung. Sie fokussieren dabei auf Belohnung und Kontrolle der Mitarbeitenden. Im Fokus steht der juristische Arbeitsvertrag mit seinen wechselseitigen Rechten und Pflichten, die durch entsprechendes Management auf die Ziele der Organisation ausgerichtet werden sollen. Transformationale Führungskräfte verschmelzen gewissermaßen mit ihren Mitarbeitenden zu einer Einheit (Transformation). Hier unterstützen sich Führungskräfte und Mitarbeitende gegenseitig für die Erreichung eines gemeinsamen Ziels. Die Führungskräfte streben bei den Mitarbeitenden durch gemeinsame Begeisterung für das Ziel und durch gegenseitige Inspiration ein höheres Leistungsniveau an. Dabei fungieren sie als Coach und Mentor*in. Im Fokus steht der psychologische Vertrag mit seiner Bindung, die durch entsprechende Führung entwickelt werden soll. Sicherlich wäre es zu simpel, transaktionale Führung mit Exploitation und transformationale Führung mit Exploration zu verbinden. Es lässt sich aber durchaus vermuten, dass unterschiedliche Innovationsmethoden und hybride Vorgehensmodelle auch unterschiedliche Führungsformen intendieren.

Gerade im Kontext agiler Methoden gewinnen deshalb neuere Formen der Führung zunehmend an Bedeutung. Stellvertretend sollen hier die laterale Führung (Führung ohne Führungsrolle) und das Empowering Leadership (Ermächtigende Führung) kurz beschrieben werden. Die laterale Führung umschreibt dabei die Situation der Führung ohne direkte Weisungsbefugnis. Die Einflussnahme auf die Willensbildung und das Handeln innerhalb einer Organisation geschieht ohne direkte Hierarchiebeziehung (vgl. Kühl et al. 2004). Empowering Leadership ist definiert als das Verhalten einer Führungskraft, die Teammitglieder durch Teilung ihrer Entscheidungsmacht dazu zu motivieren, eigenverantwortlich zu handeln. Empowering Leadership wirkt dabei nachweislich in komplexeren Situationen, die nur wenige Routine-Elemente beinhalten: denn den Teammitgliedern wird Handlungsautonomie sowie Vertrauen gegeben, Probleme zu lösen, indem die eigenen Ressourcen genutzt werden. Das deutet auf einen möglichen Nutzen im Bereich der Exploration hin (vgl. Magni und Marupin 2013). Es wird in Zukunft zu beobachten sein, ob sich diese Führungsansätze in den eher explorativen Bereichen des Innovationsmanagements etablieren werden. Sicher scheint aber auf jeden Fall, dass sich Führung in diesem Feld weiter entwickeln wird.

Unternehmenskultur als Kontextfaktor

Eine ähnliche Entwicklung kann auch bei der Literatur zur Unternehmenskultur beobachtet werden. Nach Schein (2004) ist Unternehmenskultur „… ein Muster gemeinsamer Grundprämissen, das die Gruppe bei der Bewältigung ihrer Probleme externer Anpassung und interner Integration erlernt hat, das sich bewährt hat und somit als bindend gilt, und das daher an neue Mitglieder als rational und emotional korrekter Ansatz für den Umgang mit Problemen weitergegeben wird" (Schein 2004, S. 17). Er unterscheidet dabei Artefakte als „jene Phänomene, die man sehen, hören oder fühlen kann, wenn man eine neue Gruppe mit einer fremden Kultur kennenlernt" (Schein und Schein 2018, S. 14). Im Gegensatz dazu umfassen Normen und Werte bekundete „Strategien, Ziele (und die) Philosophie" (Schein 1995, S. 30). Sie kann ebenfalls als „Gesetze und Regeln, die in einem Unternehmen gelten" angesehen werden, welche „unterscheiden helfen, was im Sinne der Unternehmenskultur richtig und falsch ist" (Homma et al. 2014, S. 7). Grundannahmen enthalten schließlich „unbewusste, selbstverständliche Anschauungen, Wahrnehmungen, Gedanken und Gefühle" (Schein 1995, S. 30). Sie bilden den Kern der Unternehmenskultur und können als „ungeschriebene Gesetzte verstanden werden, welche alle Organisationsmitglieder kennen und weitestgehend (unreflektiert) befolgen" (Homma et al., 2014, S. 8). Mit Bezug auf unser Thema des Innovationsmanagements stellt sich dabei die Frage, wie die Artefakte, bekundeten Werte und Grundprämissen in den Bereichen des exploitativen und des explorativen Innovationsmanagements aussehen, ob sie sich voneinander unterscheiden und wie der gemeinsame kulturelle Kern insbesondere in differenzierten Lösungsmustern der strukturellen Ambidextrie aussieht. Das bleibt für die Zukunft weiter spannend.

Ein Lösungsansatz könnte dabei das aktuell in der Praxis populäre Modell von Frederic Laloux (2015) sein. In seinem Modell mit insgesamt sieben Stufen, die er mit Farbcodierung und Adjektiven versieht, beschreibt Laloux die Entwicklung wie Individuen und Organisationen agieren (vgl. Laloux 2015, S. 13). Laloux bezeichnet diese Stufen als Paradigmen, deren schrittweise Entwicklung ein Reifegradmodell implizieren lässt. Dennoch betont er, dass höhere Entwicklungsstufen nicht besser oder wertiger sind. Vielmehr ist jede Stufe in einem bestimmten Kontext angemessen und spätere Stufen sind „komplexer in ihrem Umgang mit der Welt" (Laloux 2015, S. 38). Offen ist dabei, ob sich verschiedene kulturelle Paradigmen im Innovationsmanagement finden lassen und ob exploitative Unternehmensteile eine andere Stufe der Unternehmenskultur benötigen als explorative Unternehmensteile. In jedem Fall ist zu vermuten, dass die Unternehmenskultur im Kontext der Entwicklung des Innovationsmanagements in KMU ebenfalls in den Fokus rücken wird.

Netzwerke als Zukunftsmodell

Insgesamt kann vermutet werden, dass die Komplexität im Umfeld der KMU noch weiter zunehmen wird – durch Veränderungen in Umwelt, Gesellschaft und Markt und der fortschreitenden Entwicklung neuer Technologien. Vielleicht führt das zu ganz anderen Formen des Innovationsmanagements und zu neuen hybriden Modellen. Eine zukünftige Entwicklung kann dabei die Idee der Business-Eco-Systeme sein. Hier handelt es sich um einen Verbund von Unternehmen, der auf eine gemeinsame Wertschöpfung ausgerichtet wird (vgl. Jacobides et al. 2018). Die Leistung des Eco-Systems übersteigt die Summe der Einzelbeiträge aller Beteiligten. Es entsteht eine Kooperation unterschiedlicher Unternehmen als inter-organisationales Netzwerk zum Nutzen der Kund*innen mit einem erhofften Kooperationsgewinn für alle Seiten. Dadurch wird eine Basis für Open Innovation geschaffen, ein Konzept, das schon von vielen KMU genutzt wird (vgl. Vanhaverbeke 2017). Sie entwickeln mit externen Partnern wie Kund*innen, Lieferanten, Expert*innen oder Forschungsinstituten neue Ideen, z. B. über Workshops, Ideenwettbewerbe, Innovationsplattformen oder gemeinsame F&E-Projekte.

Veränderungen im Umfeld von Unternehmen werden auch weiterhin großen Einfluss haben. Neue technologische Entwicklungen werden dabei viele Chancen ermöglichen, können aber auch das bestehende Geschäft gefährden. Sie können auch ethische Fragen und Nachhaltigkeitsaspekte aufwerfen. Ein kontinuierliches Innovationsmanagement ist daher Kernaufgabe für jedes Unternehmen. Das Vorgehensmodell dieses Buches kann dabei eine wichtige Unterstützung bieten und so einen wertvollen Beitrag zum zukünftigen Erfolg von KMU leisten.

Literatur

Bass BM (1985) Leadership and performance beyond expectations. Free Press, New York
Bass BM (1990) From transactional to transformational leadership: learning to share the vision. Organ Dyn 18(3):19–31
Europäische Kommission (2020) Ein neuer Aktionsplan für die Kreislaufwirtschaft für ein saubereres und wettbewerbsfähigeres Europa. Mitteilung der Kommission an das Europäische Parlament, den Rat, den Europäischen Wirtschafts- und Sozialausschuss und den Ausschuss der Regionen. COM (2020) 98 final. Brüssel

Europäische Kommission (Hrsg) (2021) „Fit für 55": auf dem Weg zur Klimaneutralität – Umsetzung des EU Klimaziels für 2030. COM (2021) 550 final. Brüssel. https://eur-lex.europa.eu/legal-content/DE/TXT/PDF/?uri=CELEX:52021DC0550&from=DE. Zugegriffen am 26.07.2022

Europäische Union (2020) Verordnung (EU) 2020/852 des Europäischen Parlaments und des Rates vom 18. Juni 2020 über die Einrichtung eines Rahmens zur Erleichterung nachhaltiger Investitionen und zur Änderung der Verordnung (EU) 2019/2088. Brüssel (Amtsblatt der Europäischen Union)

Gassmann O, Frankenberger K, Csik M (2021) Geschäftsmodelle entwickeln, 3. Aufl. Carl Hanser, München

Goedkoop, M, Indrane, D, de Beer I (2018) Handbook for product social impact assessment 2018.

Homma N, Bauschke R, Hofmann LM (2014) Einführung Unternehmenskultur. Grundlagen, Perspektiven, Konsequenzen. Springer Gabler/Springer Fachmedien Wiesbaden (Lehrbuch), Wiesbaden

Jacobides MG, Cennamo C, Gawer A (2018) Towards a theory of ecosystems. Strat Mgmt J 39(8):2255–2276. https://doi.org/10.1002/smj.2904

Kassenböhmer C, Graaf L, Postpischil R, Jacob K (2019) Analyse des Diskurses zu Potenzialen und Risiken der Digitalisierung für die Ressourcenpolitik. Debattenanalyse im Projekt Ressourcenpolitik 2 (PolRess 2). Projekt im Auftrag des Bundesumweltministeriums und des Umweltbundesamtes. https://www.ressourcenwende.net/wp-content/uploads/2020/02/Debattenanalyse-Digitalisierung-Ressourcenpolitik_fin.pdf. Zugegriffen am 31.07.2022

Kennedy S, Whiteman G, van den Ende J (2017) Radical innovation for sustainability: the power of strategy and open innovation. Long Range Plann 50(6):712–725. https://doi.org/10.1016/j.lrp.2016.05.004

Kühl S, Schnelle T, Schnelle W (2004) Führen ohne Führung. Harv Bus Manager 01:70–79

Kühne C (Hrsg) (2019) Blockchain-Technologie für die industrielle Produktion und digitale Kreislaufwirtschaft. THINKTANK Industrielle Ressourcenstrategien. Karlsruhe. https://www.thinktank-irs.de/wp-content/uploads/2020/10/RZ_THINKTANK_Brochure_Blockchain_E-Book_Verlinkungen_komprimiert.pdf. Zugegriffen am 31.07.2022

Kunzlmann J, Edinger-Schons LM, Kraemer A (2021) Sustainability management monitor. Hrsg v. Bertelsmann Stiftung. Gütersloh. https://www.bertelsmann-stiftung.de/de/publikationen/publikation/did/sustainability-monitor-all. Zugegriffen am 30.06.2022

Laloux F (2015) Reinventing organizations. Ein Leitfaden zur Gestaltung sinnstiftender Formen der Zusammenarbeit. Franz Vahlen, München

Lang-Koetz C, Schimpf S (2022) Nachhaltigkeitsorientierte Innovationen in Unternehmen initiieren und umsetzen – Leitlinien und Methoden für die Praxis. In: Hochschule Pforzheim (Hrsg) Konturen 2022 – Die Zeitschrift der Hochschule Pforzheim. Hochschule Pforzheim, Pforzheim

Magni M, Marupin LM (2013) Sink or swim: empowering Leadership and overload in teams' ability to deal with the unexpected. Hum Resour Manag 52(5):715–739

Osterwalder A, Pigneur Y (2013) Business model generation. A handbook for visionaries, game changers, and challengers. Wiley, New York

Schein EH (1995) Unternehmenskultur. Ein Handbuch für Führungskräfte. Campus, Frankfurt am Main

Schein EH (2004) Organizational culture and leadership. Jossey Bass, San Francisco

Schein EH, Schein P (2018) Organisationskultur und Leadership. https://doi.org/10.15358/9783800656608

Schmidt M, Nill M, Scholz J (2021) Die Bedeutung der Lieferkette für den Klimafußabdruck von Unternehmen. Chem Ing Tech 93(11):1692–1706. https://doi.org/10.1002/cite.202100126

Schmidt M, Nill M, Scholz J (2022) Determining the scope 3 emissions of companies. Chem Eng Technol 45(7):1218–1230. https://doi.org/10.1002/ceat.202200181

Vanhaverbeke W (Hrsg) (2017) Managing open innovation in SMEs. Cambridge University Press, Cambridge

Walden J, Steinbrecher A, Marinkovic M (2021) Digital product passports as enabler of the circular economy. Chem Ing Tech 93(11):1717–1727. https://doi.org/10.1002/cite.202100121

WBCSD, WRI (Hrsg) (2004) The greenhouse gas protocol. A corporate accounting and reporting standard. revised edition. World Business Council for Sustainable Development; World Resources Institute. Conches-Geneva, Schweiz, Washington, USA. https://ghgprotocol.org/sites/default/files/standards/ghg-protocol-revised.pdf. Zugegriffen am 30.06.2022

The manufacturer's authorised representative in the EU is Springer
Nature Customer Service Centre GmbH, Europaplatz 3, 69115 Heidelberg,
Germany. If you have any concerns regarding our products, please
contact ProductSafety@springernature.com

Printed and bound by CPI Group (UK) Ltd, Croydon, CR0 4YY
28/04/2026
02098534-0007